不動産投資と火災保険

改訂増補版

藪井　馨博

梓書院

本書は、2019年9月に出版しました『不動産投資と火災保険』の改訂増補版です。
特徴としましては…

①装丁リニューアル
②追加情報記載及び、2020年1月時点での情報変換

①については、そもそもの出版目的が、すでに賃貸事業経営者として成り立っている方々や、不動産投資のプロと呼ばれる方々に向けたものではなく、「これから不動産投資を始めようとする方」、収益物件購入時の必要諸経費である「火災保険についてもっと深く理解したい方」といった「初心者向け」の内容に仕上げていました。

前作をお読み下さった方々より、パッケージ（本の表紙）や記載内容をもっと「初心者向け」に分かり易くアピールしてはどうか？　などのご意見・ご要望をたくさん頂戴しましたので、今回、改訂増補版として再販させて頂きました。

②については、再出版にあたり現時点での情報の差し替えや追加情報を記載しましたので、前作全２４６Ｐから全２９２Ｐと情報を補充しております。

現場で発生するトラブルは、未曾有の災害発生や前代未聞のクレーマーなど、日増しに様々なパターンが増えており、尽きないネタ（情報）でもあります。

巻末には、最もご要望が多かった「情報発信コンテンツ」についてもご紹介しておりますので、最後までお読みいただけましたら幸甚に存じます。

はじめに

はじめまして！　九州地区限定の火災保険専門店ピットサポート株式会社の藪井《やぶい》と申します。

私は「収益物件専門」の火災保険担当者として、九州内限定のオーナー約230名、約1,500棟を担当し、毎月平均20件ほどの火災保険請求手続きに携わっています（2019年6月現在）。

「収益物件専門」といった、個別的・特殊的な日々の営業活動によって、実際に「どのような物件」で事故が起きているのか、もしくは事故が起こり得そうなのか、その物件の「築年数」「物件の構造」「建築場所や地域性」によって大きく影響されることが、数多く得た「実体験」により解るようになりました。

これまで、収益物件の火災保険契約のご依頼は、「土地活用」としての一部の資産家と、ごく少数の今でこそメジャーになった「サラリーマン大家」や「個人投資家」と呼ばれる方々でした。

しかし、8年ほど前から急激に、元より資産家ではない「一般の方」（サラリーマンや公務員等）の契約件数及び引受依頼が増えており、その背景にはご周知の通り「不動産投資ブーム」があります。

不動産投資は以前からありましたが、一部の資産家がその資産である土地を貸したり、その土地に建物を建てて貸し出すことが中心で、一般個人が投資を目的に不動産を購入することは今よりもごく少数でした。

空前の低金利政策の中、法人向け融資が伸び悩んだ結果、個人向けの融資を増やすビジネスモデルと合致し、パッケージングされたアパートローン新規融資額は、2015年第1四半期から2018四半期連続前年比大幅なプラスで推移してきました。

そういった状況下で数多くのアパートオーナーを産み出しましたが、2017年秋頃から融資も徐々に厳しくなり始め、更には物件価格高騰という現下の情勢です。

それでもまだまだ過熱した状態で盛り上がりを見せています。

それに伴い、不動産投資（アパート経営）の関連書籍はたくさん出版されており、「丸ごと1棟の新築投資法」、「中古・築古物件での高利回り投資法」、「都市部の狭小マンション投資法」、「〇〇万円から始める少額投資法」といった〝小資金で始められ、大きく儲かる〟や〝家賃収入〇億でセミリタイア〟などを謳った様々なノウハウ本がたくさん書店に並んでいます。

不動産投資を始めようとしても、その方の属性や資産背景により、購入できる物件の範囲も限られてくるので、これだけ情報が溢れている中から自分に合った不動産投資法を見つけるのは非常に困難です。

また物件を購入した後でも「これからどのような展開を…」と数ある運営方法（ずっと所有するのか？　何年間か所有して売却するのか？…ｅｔｃ）を検討及び選択しながら、賃貸経営を行っていかなければなりません。

これまで私が実体験から得た「火災保険」の契約件数や事故処理件数、そして「収益物件専門担当者」という立場で見た結果、築年数だと「新築・築浅・築古・超築古」、構造では「木造・準耐火造・鉄骨造・ＲＣ造」、所有形態だと「区分・１棟もの・賃貸戸建」といったカテゴリーとジャンルがあり、それ相応のリスクが潜んでいることが把握出来るようになりました。

それぞれ異なる収益物件を相当数見てきた経験は、皆様に「違う角度からの目線」として、不動産投資の新しい判断基準に役立てていただけるのではないか、という提唱として今回出版へと至りました。

不動産投資の入口である「物件選び・判断基準」として、初歩的な指標である利回り（表面利回り・実質利回り）・イールドギャップ（借入金の金利と投資物件の利回りの差）・キャップレート（総合還元利回り）から始まり、より専門的な指標としてＲＯＩ（投資収益率）・ＤＣＲ（債務返済倍率）・ＬＴＶ（借入金割合）などの様々な指標があります。

この本は、すでに世に出回っている不動産投資のノウハウ本ではなく、「火災保険」を通した不動産投資の新しい目線であり、今まで注目されたことがない角度での分析を記しています。

「火災保険」という角度から物件を精査・検証するという考え方は、これまでになかったのではないでしょうか？

したがって「不動産投資のプロ」と呼ばれている方々には物足りない内容かも知れません。

しかし、これまで考えたことがない「目からウロコ」のような部分がこの本によって発見できると思います。

不動産投資における正解や成功の答えは、人それぞれによって異なりますが、複数の異なる意見や考え方、指標や判断基準を自分なりに消化して、自分なりの「答え」を導き出すことは可能だと思います。

そのためには不動産投資に関する書籍をたくさん読み、必要であればセミナーや勉強会にも参加して、その中の考え方の一部を取り入れ、自分に合った不動産投資法を確立していくことで、自分なりの正解や成功に近付くことが出来るはずです。

「火災保険」という商品特性上、流行やトレンドに左右されないものですし、不動産投資における「再現性」という点も関係ありません。

強いて言えば「色々な意味で損をしない為の知識を仕入れる」という項目の一つとして、今まで「火災保険」はフォーカスされたことがないので、この本では記述してみました。


元々、不動産業界は「売り手である不動産販売業者側」と「買い手であるオーナー側」の情報非対称性が大きな業界です。情報非対称性とは、市場で「売り手」と「買い手」が対峙している中、一般的には「売り手」がほぼ一方的に情報を保有し、「買い手」は十分な情報を保有出来ない情報格差を示します。


例えば、ある商品を取引する際に「売り手」は商品の品質に関する豊富な情報を所持しており、「買い手」は商品の品質に関する情報をほとんど保有していないため、「売り手」からの説明に依存するしかありません。

このように、保有情報が対等ではなく「情報の優位者」と「情報の劣位者」といった情報分布にばらつきが生じている状況が「情報の非対称性」です。

火災保険という存在も、まさに「売り手」である保険販売代理店と、「買い手」である契約者（オーナー）の情報非対称性が市場で大きく開いている状況です。

この書籍の出版目的は、その情報格差を少しでも埋めるためでもあります。それは同じフィールドに存在するライバルにも言えますので、この本を読み進めることで、一歩抜きん出た情報を手に入れられる内容を記述しております。

また、数年経っても繰り返して読めるよう、現場での経験内容を鮮明にイメージでき、保険業界特有の専門用語や表現は極力分かり易く、スムーズに伝わるよう仕上げております。

物件購入時の融資条件として、これまでは何気なく加入していた「火災保険」…。

本書によって、本来の役割と補償範囲を深く理解していただき、「なるほど、火災保険という目線だとそうなのか！」と従来にはなかった指標の一つとして、皆様の「賃貸事業」経営にフィードバックしていただけたら幸いです。

3

現場で得た教訓15ヶ条

4

火災保険のQ&A

5

特別対談

6

我々のポリシー&ルール　273

1

火災保険とは？

不動産投資の世界における火災保険のポジション

まずは、火災保険が不動産投資の世界では、どのようなポジションなのか見てみましょう。

不動産投資の主なリスクとして、

①空室リスク
②物件価格下落／地価下落リスク
③家賃滞納／家賃変動リスク
④金利変動及び消費増税リスク
⑤自然災害リスク
⑥修繕費用リスク
※物件室内・室外での事件や事故（他殺や自殺、孤独死など）は①②③に含まれます。

大きく分けると6つになりますが、色々な不動産投資アドバイスに関する書籍や投資家ブログ等で①～④については数多く世に出ています。

しかし、⑤⑥については目にする機会が非常に少ないのです。「目にする機会が非常に少ない」というのは、投資家にとって興味が薄い証なのかもしれません。

保険料についてはチェックしても、「補償内容」を精査する投資家・販売業者・管理会社も含めてごく少数です。

また、数ある書籍の中で紹介されている物件購入時での諸費用内訳でも……

①仲介手数料
②売買契約書・金銭消費貸借契約書の印紙代
③登録免許税
④金融機関に支払うローン事務手数料・ローン保証料
⑤不動産取得税
⑥固定資産税・都市計画税精算金
⑦その他諸費用（火災保険料など）

⑦のその他諸費用とごく僅かな扱いです。

更には物件購入後のランニングコスト（運営のため発生する経費）の案内でも……

①固定資産税・都市計画税
②大規模修繕費用
③清掃費用
④賃貸管理費用
⑤消防点検費用
⑥エレベーターやポンプ・受水槽などの共有設備のメンテナンス費用
⑦共有廊下・エントランスホール部の光熱費用
⑧入居者募集費用や原状回復費用
⑨火災保険料など

ここでも⑨の扱いは、さほど重要視されていません。このように不動産投資の世界における収益物件の「火災保険」に対する位置付けは非常に低いのです。

アパート・賃貸マンション経営とは、都市部やその通勤圏内にある郊外などの土地に、収益物件を建てて入居者に住居を提供し、その対価として毎月家賃を受け取る「賃貸事業」です。

火災保険とは？

運送業であれば、運搬車両に対する自動車保険、積荷に対する動産保険や賠償保険、製造業や販売業、飲食店業であれば、製作したもの・販売したもの・調理したものに対するPL保険（製造物責任保険）等、事業維持・存続のためにランニングコストとして「保険」が必要です。どの事業・業種でも、その業種形態に応じた「保険」があるのです。

では、「賃貸事業」の維持・存続のために必要な保険とは何でしょう？

それがズバリ**「火災保険」**です。

「賃貸事業」の維持・存続のために必要な保険である火災保険は、不動産投資の世界では全く注目されていないといっても過言ではありません。

実際に物件購入時及び運営時に、火災保険について詳密に検討した経験はあるでしょうか？ ほとんどの方が収益物件購入の際には、アパートローン（プロパー融資）を組んで《注1》購入する訳ですが、審査後は準備する書類が多くて何かと忙しく、火災保険の検討は後回しになりがちです。

《注1》不動産を購入するために使えるローンは、目的に合わせて様々な種類に分かれていますが、大きく分けると、アパートローンと住宅ローンになります。

アパートローンとは、一般的にアパートやマンションなどを、投資用等の自己の居住以外の目的で購入・建築する際に利用するローンを指します。

集合住宅を一棟丸ごと購入する際にも、一室（区分所有権）だけ購入する際にも利用することができます。

一方、住宅ローンは、借り入れる本人と家族が住むための住宅および、付随する土地を購入する際のローンです。

新築・中古住宅の購入や以前に借り入れた住宅ローンの借り換えなどにも利用可能です。

アパートローンは、投資用・商業用不動産に必要な資金調達のローンで、住宅ローンは、自分や家族が居住する不動産に必要な資金調達のローンということになります。

アパートローンと住宅ローンは、ローンの対象となる物件の性質が違いますので、当然、金利・借入期間も違ってきます。

住宅ローンの場合、該当者が居住することを前提に組まれているので、一般的に投資が目的のアパートローンより金利は低く設定され、返済期間も長く組むことが出来ます。

少し前までは、住宅ローンを利用した「ヤドカリ投資法※」と言われる不動産投資手法が注目を浴びましたが、住宅ローンの不正利用が明るみに出た現在では、金融機関の目も厳しくなっています。

※ヤドカリ投資法…購入した不動産を自宅として利用しながら、不動産価値が上がったタイミングや、貯蓄が出来た頃合いを見計らって新しい住居に住み替えをしていくという投資方法です。次々と自宅を住み替えて、前に住んでいた家は売らずに賃貸に出しつつ、売却益を狙っていきます。住み替えを繰り返す様子がヤドカリのようだということから、このように呼ばれています。

しかし、決済及び引渡しまでの加入が必須の場合がほとんど（融資条件の一つ）ですので、限られた時間の中では「保険料」だけしか見ずに「補償内容」まで精査する時間がありません。実際に運営・稼働が始まって、無事に保険の満期を迎えても、保険期間中に何も事故が起きなければ「前年通りで問題ないだろう」と、これまた精査することもありません。

こういった背景があるため、火災保険は不動産投資の世界では重要視されていないポジションなのです。

不動産投資の成功・失敗の定義については、人それぞれの目的によって異なりますが、シンプルに考えると「収入よりも支出が増える」ことが一つの境界線ではないでしょうか。

「収入が減る」とは、入居者需要減による空室率が高くなり、家賃収入が大幅に減ってしまうことであり、そのエリア全体の人口が減るという仕方がない場合もあります。

「支出が増える」とは、突発的な修繕費（固定資産税や定期清掃費・保守点検費などのあらかじめ予定している支出は除きます）を示しますが、これは新築であればその心配は10年間ほどはありませんし、中古物件の場合でも物件購入前に、修繕履歴やメンテ記録帳の確認で未然に防ぐことが可能です。

但し、外部的要因である自然災害等は唯一「火災保険」でしか対応出来ず、それを活用することで損害をリカバリーすることが出来るリスクヘッジ手段の一つです。その重要な役割を果たす「火災保険」ですが、不動産投資におけるポジションは、全くといっていいほど重要視されていない現実があるのです……。

火災保険の加入は何故必要？

マンション・アパート経営に必須とされる「火災保険加入」……。

そもそも何故、火災保険に加入する必要があるのでしょうか？

理由その1：融資を受けて収益物件を購入する場合は、融資条件（担保）であること。

今でこそ質権設定《注1》は少なくなりましたが、融資実行日または物件引渡日までに火災保険の加入証明や申込書コピーの提出義務《注2》があります。

《注1》「質権」とは、担保物権（他人の物を支配することによって、自己の債権の回収を確実にするための権利）の一つで、債権の担保として、債務が返済されるまでの間、物品や権利書などを債務者（オーナー）から、債権者（金融機関）が預かっておき、債務を返済できない場合は、それらを売却等して優先的に弁済を受けることができる権利のことをいいます。

つまり、融資をした物件で自然災害や賠償事故が発生して保険金を受け取れる場合、オーナーではなく金融機関が優先的に保険金を受け取ることが出来るというルールです。

《注2》融資を受けず、現金一括購入の場合はこの場限りではありません。

理由その2：賃貸経営上で必要な「経済的解決策」であるため。

火災保険加入によって、火事や台風、地震などの自然災害や第三者による汚損・破損事故の大／中／小規模罹災時に、自己負担なく修繕費・修復費が賄えるようになります。

収益物件に関する火災保険は、保険の掛け方（補償範囲や特約選択など）によって、支払う保険料、そして受け取れる保険金が大きく変わります。自己負担（持ち出し）を抑えることは、予定している利回りを維持するための手段にもなりえます。

また先ほどの「理由その1」ともリンクしますが、罹災時に保険で「修復・修繕」出来るか否かで返済が滞るのを防ぐためにも、金融機関としては必要なのです。

物件の附属設備や外壁・屋根、排水管などは定期メンテナンスである程度の事故を予防出来ますが、コントロールすることが不可能な災害で被害を受ければ、オーナーには多額の修理費が発生することがあります。融資を引いて物件購入の場合、所有物件が自然災害でダメージを受けて仮に滅失してしまうと、家賃収入がなくなる⇩借入金の返済が滞る⇩最悪デフォルト（返済不能）に陥ります。

収益物件ではない、一般世帯の場合は、自然災害などで全壊等の被害を受けても、被災者生活再建支援法[注3]による支援金を受け取ることが出来ますが、オーナーの賃貸物件は深刻な被害を受けても、支援金を受け取ることはできず、自力での再建となります。

《注3》被災者生活再建支援法とは、自然災害の被災者への支援を目的とする日本の法律です。自然災害によりその生活基盤に著しい被害を受け、経済的理由等によって自立して生活を再建することが困難な者に対し、都道府県が相互扶助の観点から拠出した基金を活用して被災者生活再建支援金を支給します。

この「被災者生活再建支援制度」は、持ち家の人だけでなく、賃貸住宅に住んでいる人（入居者）でも適用されますが、物件所有者であるオーナーには適用されません。

被災者生活再建支援制度

基礎支援金　住宅の被害程度に応じて支給されます

住宅の被害程度	全壊　解体　長期避難	大規模半壊
支給額	100 万円	50 万円

加算支援金　住宅を再建するとき支給されます

住宅の再建方法	建設　購入	補修	貸借（公営住宅を除く）
支給額	200 万円	100 万円	50 万円

火災保険料は県別・構造・用途で全く異なる

このお話をするとオーナーに驚かれることが多いのですが、実は建築されている物件の所在地（都道府県）によって火災保険料は上下します。

その理由は、「自然災害が発生する頻度」や「過去の被災状況・保険金支払状況」、「住宅密集度による延焼リスク」等が異なるからです。

北海道や日本海側では雪害のリスクが高まるほか、九州や四国などでは台風・水災被害のリスクが高くなるといった地域差があります。

また、東京都のような大都市では住宅の密集地域が多く「延焼リスク」が高くなります。全く同じ条件で火災保険を申し込んでも、建物のある地域（都道府県）によって保険料は大きく変わってくるのです。

更には、火災保険は対象となる建物の「構造」や「用途」によっても保険料が異なります。「構造」は、収益物件の場合「木造／準耐火木造・軽量／重量鉄骨造・RC造／SRC造」がありますが、どの「構造」で、更には建築目的（使用用途）が何かで保険料が違うのです。

これについては、『三匹の子豚』をモデルにするのが1番わかりやすく例えることが出来ます。一番目の子豚は〝わらの家〟を建て、二番目の子豚は〝木の家〟を建て、三番目の子豚は〝レンガの家〟を建てました。その三匹の子豚の家を狼が襲いますが、〝わらの家〟と〝木の家〟は狼に簡単に壊されてしまい、〝レンガの家〟だけは狼でも壊すことが出来ませんでした。

レンガの家　木の家　わらの家

このお話で例えると、火災保険は「壊れにくい順＝燃えにくい順」で保険料が安くなるので、この『三匹の子豚』が火災保険に加入した場合、「レンガの家⇩木の家⇩わらの家」の順で保険料は高くなっていきます。

つまり、保険料が最も安く加入できるのは〝レンガの家〟の子豚で、最も高い保険料を支払わなければならないのは、〝わらの家〟の子豚となります。

現実の収益物件としての火災保険では、

●M構造：鉄筋コンクリート造のマンション（RC造・SRC造）の建物
●T構造：鉄骨造の建物、2×4工法の建物、プレハブ住宅、準耐火建築物
●H構造：在来木造建物

M構造⇩T構造⇩H構造の順で保険料は高くなっています。

【例1】火災保険は「燃えにくい順」で保険料が安くなります。

分かり易く比較するために、一律同じ5,000万円の保険金額（建物価格）として保険料を比較した場合……

H構造（木造）で年間約14万円
T構造（鉄骨造・準耐火構造）で年間約7万円
M構造（RC造／コンクリート造）で年間約5万円

といった保険料差があるのです！（2020年1月現在の保険料にて試算）

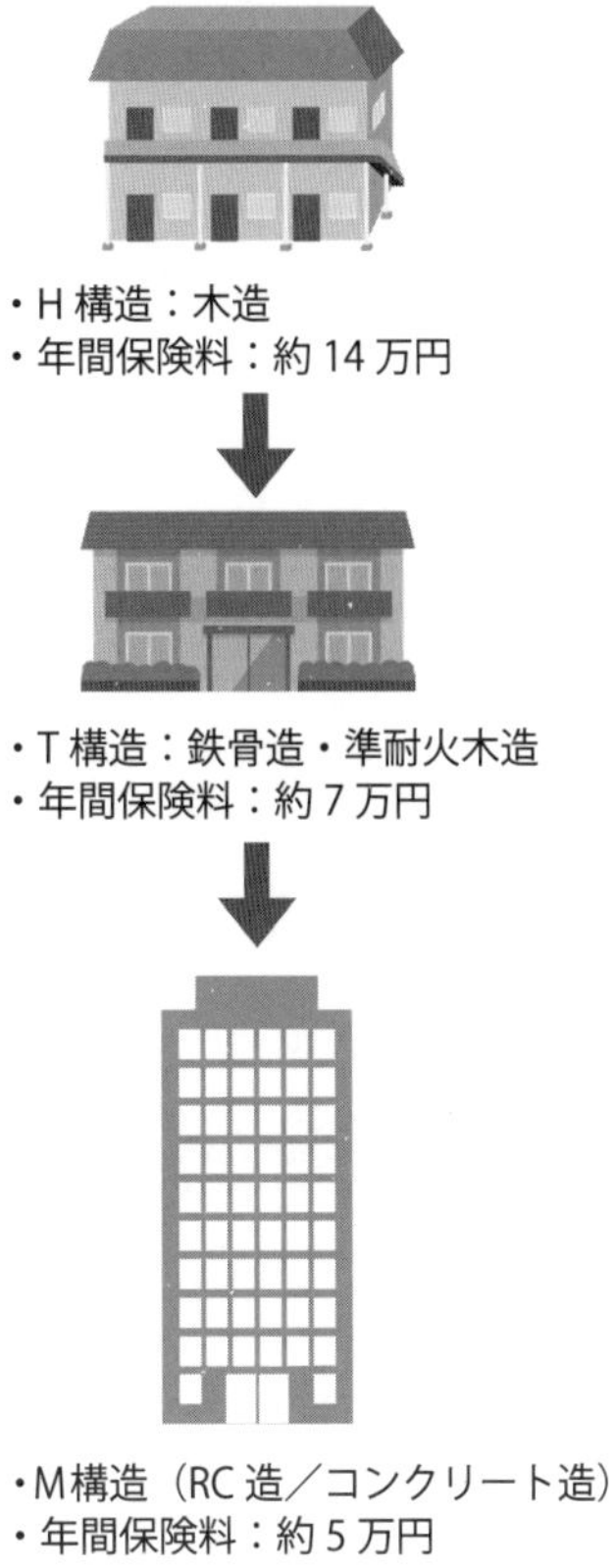

１棟目で軽量鉄骨造を購入したオーナーが、２棟目で木造を購入した際に提示された保険料を見てビックリするのは、この構造による保険料差です。

「前回と同じ規模の物件価格だったのに、今回は何故こんなに高いのですか!?」という状況になり、予算が大幅に狂ってしまうことになります。

自動車保険の場合では、現在コンパクトカーに乗っていて、スポーツカーに乗り換えると等級が同じ・車両保険を付けない場合でも、自動車保険料は大幅ＵＰします。

自動車任意保険の保険料を決める要素の一つに「車両料率クラス」というものがあります。

これは車種別の「型式」によって対人・対物・傷害・車両の4つのリスクを元に保険料が決定されるというものです。

料率クラスは車種別に異なり、事故率が高い車種ほど料率クラスが高い（＝保険料が高い）、事故率が低い車種ほど料率クラスが低い（＝保険料が安い）となります。

つまり、高級車だと事故時に修理金額が高額になりやすく、スポーツカーだと飛ばしすぎて自損事故が多いというデータの元で保険料率が決められます。

このように損害保険の世界では、危険度（リスク）に応じて、保険料が変わるのです。

付け加えて、収益物件は「構造」だけでなく「用途」でも火災保険料は大幅に変わります。

収益物件の「用途」は大きく分けると次の2パターンに分けられます。

（1）住宅物件・・共同住宅、賃貸戸建など
（2）一般物件・・店舗のみ及び店舗と共同住宅混合物件、貸倉庫など

このように、火災保険料はまず「建築場所・都道府県」で変わり、その物件の「構造」、続いて「用途」で大きく上下するのです。

先ほどの例では、用途が共同住宅のみでの保険料比較でしたが、これが一般物件（1Fがコンビニなどの店舗で2Fから上階は共同住宅）の場合、更に1・5～2倍ほど保険料はUPします。物件購入価格が安いから火災保険も安いだろうと考えている方が多いのですが、火災保険料は物件価格と全く関係ありません。

「どの場所」で「どの構造」、そしてその収益物件の使用用途が「何なのか」で変わるのです。新築で企画段階からこういった情報も知っておくと、予算組に役立ちますし、中古物件購入時でも、ランニングコストを含めた検討材料にすることが出来ます。

続いては、世界のあちこちで地震が発生しているにもかかわらず、日本ではまだまだ周知されていない「地震保険」について解説します。

収益物件に地震保険は不要？

収益物件所有オーナーの間では「不要説」も多く聞かれる地震保険ですが、実際に「どういった場合に、どういう補償を受けることが出来るのか」を解説します。

①地震保険は「官民一体」の制度です。

地震保険は〝地震・噴火・津波〟による災害で発生した損失を補償する保険です。

昭和41年（1966）に「地震保険に関する法律」の制定を受け、政府と民間の損害保険会社が共同で運営する制度として誕生しました。そういった特殊性がある保険であるが故に、地震保険には他の保険にはない種々の特徴や制約があります。

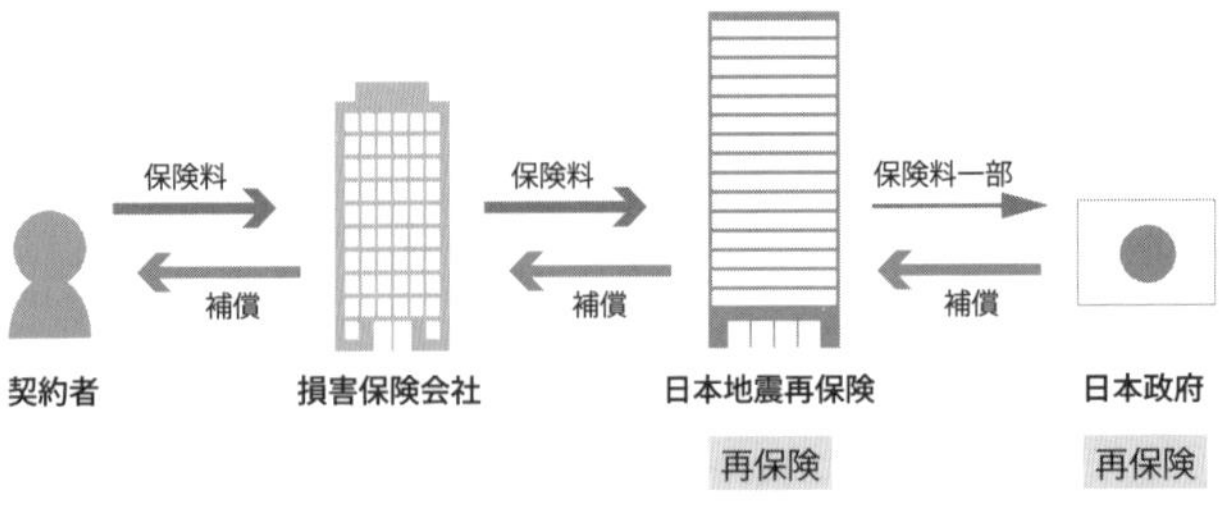

例えば、火災保険金額（建物価格）が「1億円の収益物件」であれば、「半分の5，000万円」までしか地震保険に加入することは出来ません。

つまり、建物が地震で全壊しても、地震保険だけで建物を元通りに再建することはできないということです。こういった特殊性がある保険ですので、「どうせ全額補償されないのであれば加入する必要がない」と「地震保険不要説」が多く聞かれるのです。

②地震保険によって、損害保険会社は利益を得ていません。

法律では契約者が支払う地震保険料の内、契約上の必要経費を除いた額と、その運用益のすべてを責任準備金として積み立てて続けることを政府および保険会社に義務付けています。各保険会社が契約者から預かった保険料は、保険会社の利益無しに積み立てられ、更に保険料の一部は再保険として政府に支払われることになります。

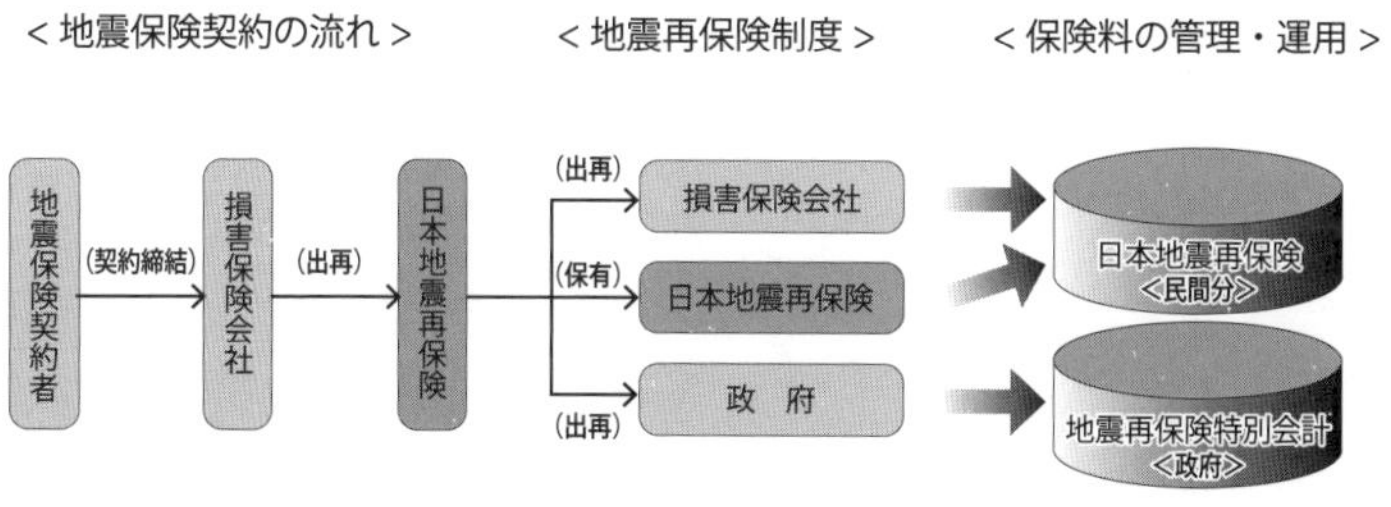

地震名等	発生日	マグニチュード	支払契約件数（件）	支払再保険金（百万円）
1. 平成 23 年東北地方太平洋沖地震	2011 年 3 月 11 日	9.0	812,371	1,279,517
2. 平成 28 年熊本地震	2016 年 4 月 14 日	7.3	206,278	382,360
3. 平成 7 年兵庫県南部地震	1995 年 1 月 17 日	7.3	65,427	78,346
4. 宮城県沖を震源とする地震	2011 年 4 月 7 日	7.2	31,008	32,393
5. 福岡県西方沖を震源とする地震	2005 年 3 月 20 日	7.0	22,066	16,973

2018 年 3 月 31 日迄のデータ

つまり、どの保険会社で地震保険に加入しても保険料は同額であり、保険会社は利益をとっていないのです。再保険料および責任準備金の運用益の全てについても、政府により積み立てられて、これらは一般会計とは区別され「地震再保険特別会計」として管理されています。

地震保険制度が出来てからこれまでの間、地震保険加入者が支払ってきた保険料は積み立てられており、その官民合わせて積み立てられたプール金（責任準備金）によって、東日本大震災における総支払保険金１兆２，０００億円の過去最大となる巨額な支払いも滞りなく行われました。

③火災保険と違って、地震による「損害額」と受け取る「地震保険金」は全く関係ありません。

通常、建物が罹災した場合、修理見積や画像を提出し、それに対しての保険金受取額が確定しますが、地震保険は損害額を算出して支払いする保険ではありません。

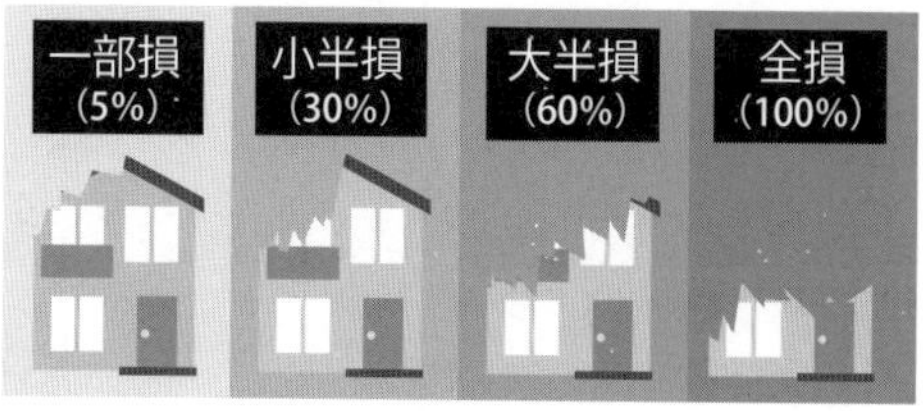

損害状況から「全損」・「大半損」・「小半損」・「一部損」の4段階に分類して、100%・60%・30%・5%を保険金として支払います。

建物保険金額が1億円の物件では、地震保険は半分である5,000万円迄しか掛けることが出来ません。

これは地震発生の予測ができず、また、地震が発生した場合の被害は広域にわたり、場合によっては、その損害額も巨大になります。損害保険会社の担保力、国の財政にも限度があるため、50%までに制限しているためです。

- 「全　損」の場合…受け取れる保険金　5,000万円（時価が限度）
- 「大半損」の場合…受け取れる保険金　3,000万円（時価が限度）
- 「小半損」の場合…受け取れる保険金　1,500万円（時価が限度）
- 「一部損」の場合…受け取れる保険金　250万円（時価が限度）

また、地震保険の支払調査は、基本「全件立会調査」となります。保険会社と国とで指名された特別な調査員が現地に赴いて、損害率を算出します。広域での地震による被害調査は、事故の受付順にて1軒1軒訪問調査となりますので非常に時間がかかります。

したがって、被災された場合はすぐに保険会社、または担当保険代理店へ被害報告するようにしましょう。

※現在、損害保険各社は保険金の迅速な支払いのため、様々な試みを重ねています。立ち入り出来ない被災地では、上空へドローン（無人航空機）を飛ばしたり、ICT（情報通信技術）もフル活用し、スピードアップを図っています。

※厳格な査定基準・調査方法（修理見積もり等は不要）ですので、「どの保険会社がよく支払ってくれた」など保険会社によって受け取る地震保険金が変わることが有りません。

【ケース1】　地震によって、建物が全壊してしまった！

○…100％支払われる

完全に倒壊または流失ですから、「全損」で上限の100％を受け取ることが出来ます。

【ケース2】　地震の揺れで、入居者から食器が飛び出して飛散したり、TVが倒れて壊れてしまったとの連絡を受けた！

×…オーナーの地震保険では支払われない

入居者の食器やTVは入居者の財物ですので、オーナーの地震保険とは関係がなく、入居時に契約する借家賠償付の「入居者用家財保険」に地震保険が付帯されていれば支払い対象となります。

しかし、保険金を受け取るためには、家財総額全体の10％を超える損害でないと保険金は1円も支払われません。酷なようですが、食器が何枚か割れただけやテレビ、パソコンが倒壊して壊れた……などの少数損害では全く出ません。

【ケース3】 建物は倒壊しなかったが、壁に無数のヒビが入ってしまった！

△：損害度が時価の3％以上なら受取可

建物の場合、その主要構造部、つまり「柱」「はり」「壁」などに一定の損害が生じた場合に支払われます。時価の3％以上20％未満の損害であれば、最低でも一部損の5％の保険金は受け取れることになります（小さな亀裂・ひび割れ程度では、保険金支払い対象外となります）。

【ケース4】 駐車していた乗用車が地震の際に埋まってしまった！

×：保険金は支払われない

収益物件の敷地内に駐車していた入居者の自動車は、火災保険の賠償部分でも地震保険でも支払い対象ではありません。

【ケース5】　地震から10日経過後に壁にヒビが入った！

×：保険金は支払われない

地震等が発生した翌日から起算して10日を経過した後に生じた損害に対しては、保険金は支払われないことが約款に明記されています。

【ケース6】　地震時の液状化により、物件が傾いてしまった！

△：損害度合に従って支払われる

液状化の判断基準は、地震や地震による津波などの被害とは認定区分や基準が異なり、それによって保険金の支払い対象となるかどうかが判断されます。

地震保険の損害区分は「全損」「大半損」「小半損」「一部損」の４つに分けられます。

液状化によって被害を受けた建物は、傾いてしまうケースや沈下してしまうケースが多いので、全損などの区分には該当しません。

	損害の程度	保険金支払い
全損	・傾斜：1度を超える ・沈下：30㎝を超える	地震保険金額の全額
大半損	・傾斜：0.8度を超え1度以下 ・沈下：20㎝を超え30㎝以下	地震保険金額の60％
小半損	・傾斜：0.5度を超え0.8度以下 ・沈下：15㎝を超え20㎝以下	地震保険金額の30％
一部損	・傾斜：0.2度を超え0.5度以下 ・沈下：10㎝を超え15㎝以下	地震保険金額の5％

実際に東日本大震災では液状化の被害が多く見られましたが、当時の査定方法だと実際の被害と査定結果が合致しないということで、東日本大震災以降に新しい基準が設定されました。

【ケース7】　地震で建物は大丈夫だったが、敷地内の駐車場アスファルトに亀裂が入ってしまった！

×：保険金は支払われない

地震保険は、住居に使用される建物および家財を対象とし、地震・噴火またはこれらによる津波によって発生した「火災・損壊・埋没・流失」損害を補償します。

したがって、敷地内であっても道路や駐車場のアスファルトは対象になりません。

また、建物に損害がなく、門、塀、垣（石積・擁壁・ブロック塀含む）のみに損害があった場合でも地震保険金の支払い対象とはなりません。

④地震による火災は、火災保険だけでは補償されません。

火災による被害は、火災保険で補償されるイメージがあるのですが、地震によって発生した火災は火災保険の補償対象外となります。

そのため、地震保険への加入が必要になるのです。

つまり、通常の火災は火災保険で補償されますが「地震によって発生した火災は地震保険から支払われる」のです。

⑤地震による津波や土砂災害は、火災保険だけでは補償されません。

通常の土砂災害（大雨や台風時など）であれば、火災保険の「水災補償」によって保険金は支払われますが、原因が「地震による土砂崩れ」の場合、④同様「地震保険」から支払われます。

また、東日本大震災の場合は「津波」によって被害が拡大しました。「津波」は建物が流されたり浸水したりすることから一見「水災」にも思えますが、「地震が原因による津波発生」ですので、地震保険から支払われます。

⑥警戒宣言が発令されると、地震保険は加入出来ません。

警戒宣言(※)が発せられた場合、「地震保険に関する法律」に基づき、地震保険の新規契約の引受けおよび、既契約分の契約金の増額は出来なくなります。

但し、警戒宣言発令中に満期を迎える地震保険契約については、契約金額が同額もしくは同額以下であれば、継続して契約できます。これは、各種火災共済でも同様の取り扱いとなります。

ＪＡ建物更生共済「むてき」や全労済「自然災害保障付火災共済」、都道府県民共済「新型火災共済」には地震保険同様の定めがあり、一定期間は申し込みが出来ないか、当該期間に申し込まれた契約については共済金の支払いが受けられなくなります。

つまり、「駆け込み契約を防ぐため」です。

※警戒宣言…大規模地震対策特別措置法（昭和53年法律第73号）に基づく警戒宣言のことで、内閣総理大臣は、気象庁長官から地震予知情報の報告を受けた場合において、地震防災応急対策を実施する緊急の必要があると認める時は閣議にかけます。地震災害に関する警戒宣言を発すると共に、地震に対する警戒体制を執るよう公示等をすることになっています。

● 地震で物件が全壊しても、同じ物件を建て替えることが出来る保険金は支払われない。
● 実際の損害額は関係ない（支払い要件は４段階）。
● 地震が原因で起こった災害は、火災保険ではなく地震保険から支払われる。

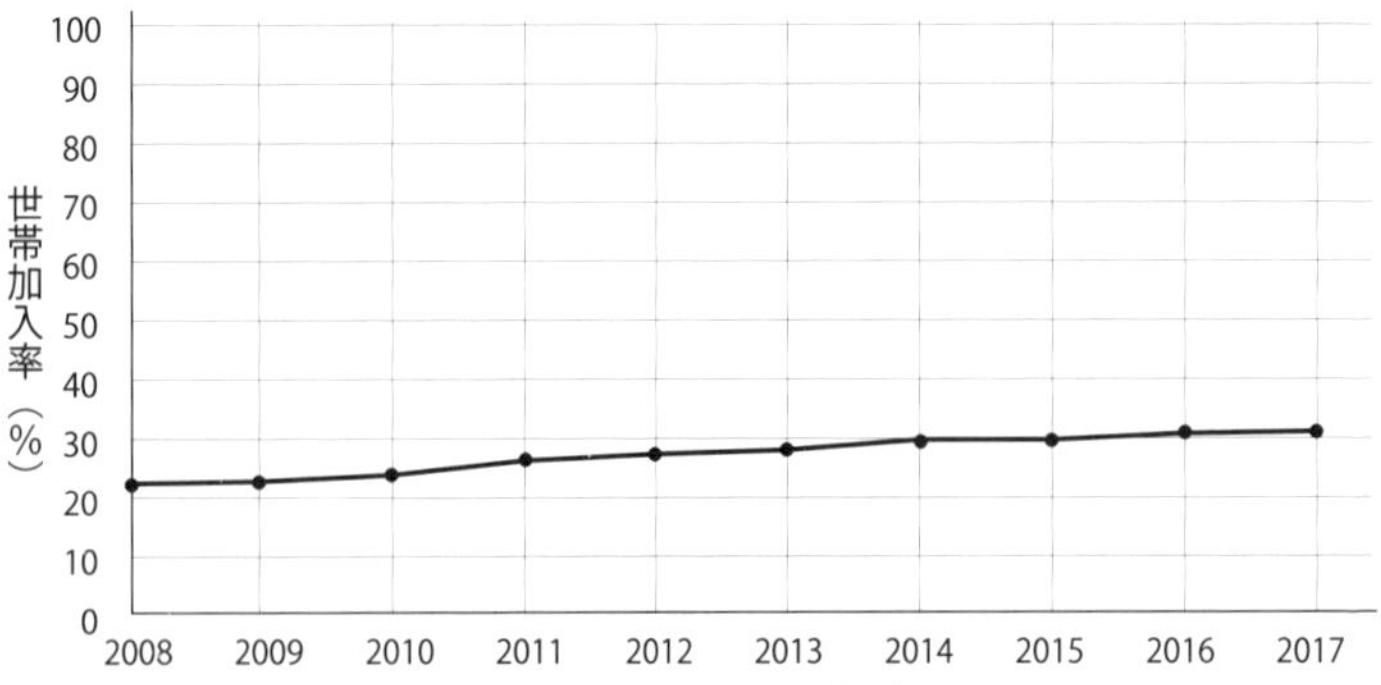

地震保険加入率の推移

こういった理解しにくい部分が多いので、地震保険加入率は低いのです。

損害保険料率算出機構統計集によると、地震保険の世帯別加入率の全国平均は30・5%となっています（加入率が最も高いのは宮城県の51・8%、一番低い県が沖縄県の14・8%です）。

２０１１年３月に発生した東日本大震災、２０１６年４月の熊本地震、２０１８年９月の北海道胆振地方中東部地震以降、加入率は上がってきていますが、それでもまだまだ低水準です。

また地震保険は専用住宅（共同住宅を含む）、及び併用住宅のみ（１Ｆが店舗で２Ｆ以上が共同住宅）を対象《注1》としていますので、事務所や店舗、倉庫などについては地震保険を契約することが出来ません。

《注1》ビルや事務所、店舗、病院、工場などは、「地震危険補償特約」などでカバー出来ます。これは政府関与の地震保険とは異なり、保険会社によって引受けの条件があり、保険の対象の所在地により契約ができないこともあります。

地震保険の対象とならない物件を購入する際には、地震によるリスクヘッジの手段が限られることを知っておかなければなりません。
また、地震保険は、その主契約となる火災保険のＭＡＸ50％の範囲内でしか加入できませんので、普通に契約していると金額不足になってしまいます。
火災保険は、通常、今から建て直したらいくら掛かるかという金額（再調達価格）で契約します。《注2》

《注2》新築の場合は「建築価格もしくは購入価格」にて加入。

この時に「保険金額」を多めに設定し、地震保険を高めにしておくことでリスクを軽減することが多少は可能になります。

例えば、1億円の物件の場合であれば、地震保険は5,000万円迄しか掛けることができませんが、1億5,000万円で保険金額を設定すれば《注3》、地震保険を7,500万円で加入することが出来ます。

《注3》但し、逸脱した保険金額は設定出来ませんので、構造及び㎡数にて保険会社が上限とする保険金額を確認した上で加入しなければ保険料の無駄払いとなります。

結論としては、可能であれば建物が全壊しても、更地にした土地を売却した金額と受け取れる地震保険金を合わせて債務が完済できるくらいの金額が理想です。

それ以外にも、地震の対策として考えられる方法としては、

①地震の発生するリスクの低い場所に物件を持つ。
②被災の際にも耐えられるよう地域を分散して持つ。
③耐震性・免震性が高い物件を持つ。

などが考えられますが、①②については、そもそも日本という国自体が地球を代表する地震多発地域であり、国内でどれだけ保有エリアを吟味したところで大したリスクの軽減にはな

らないでしょう（日本の国土は、地球全体の面積における0・2％の割合しか占めないのですが、地球上で発生するマグニチュード6以上の地震の20％は、日本とその近海で発生しています）。

東日本大震災、熊本地震など震度7を記録した地域であっても、新耐震基準を満たした物件の大半は崩壊せずに残っていることから、③耐震性・免震性については今後の物件選択において注目すべき点だと思われます。

これは今後、賃貸経営を事業として考えた場合に新たな「賠償リスク」にもなりうるかも知れません。仮にオーナーの所有する物件が地震により倒壊したことが原因で、入居者が死傷してしまった場合、その入居者の遺族が訴えてくることも考えられます。

通常、地震を含めて天災は「不可抗力」ですので、損害賠償の要件である「故意または過失」に該当せず、賠償責任は生じません（民法第709条）。

しかし、建築当時の耐震基準を満たしていない、違法の建築物だった場合には「安全かつ安心して暮らせる環境提供義務」を果たしているとは言えず、オーナーの過失を問われる可能性があります。

※実際に阪神・淡路大震災の建物倒壊事故による賠償請求事件において、(平成11年9月20日、神戸地裁、民二部・「判例時報」1716号)倒壊した建物の下敷きになって死亡した入居者の遺族が訴えた訴訟で物件所有オーナーが敗訴し、賠償責任が確定した判例がありました。

更には、旧耐震物件でなくても「地震保険未加入」について、公的制度がありながらも、活用していなかったという「過失」を問われることも否定出来ません。

地震は賃貸経営を行う上でリスクの一つではありますが、地震保険をより深く理解することで致命的なダメージを少しでも減らすことができるのではないでしょうか。

※地震保険を100%補償するためには?

「地震保険に関する法律」により、地震保険の補償は火災保険の50%が上限のため、100%満額はカバーされません。

これは、どの保険会社の地震保険でも同様となります。

制度上、仕方が無いことではありますが、一部の損害保険会社が独自に発売しているものを活用し、地震災害の補償を100%全額を補償することが出来る方法があります。

①地震危険等上乗せ特約

この特約は、東京海上日動火災保険が生損保一体型で先行発売し、続いて損保ジャパン日本興亜が販売を始めました（2020年1月時点では、この2社のみしか取扱いしていません）。

加入している地震保険に、この上乗せ特約を追加することで、保険金額を火災保険と同様の100％にすることが出来ます。

つまり、地震保険金額50％＋地震危険等上乗せ特約50％で合わせて100％になるのです。

但し、加入条件として『10年一括などの一括払いは選択出来ず、1年毎の更新契約のみ』や『火災保険だけでなく、自動車保険・生命保険などを組み合わせて契約する必要』がある等の特別な条件があります（特約保険料は地震保険料の約2倍ほどが目安）。

地震保険の上乗せ補償を扱う損保会社

損害保険ジャパン日本興亜	東京海上日動火災保険
2015年、火災保険に「地震危険等上乗せ特約」を追加。 特約保険料は地震保険の1.3倍～2.1倍	2002年から扱っている生損保一体型商品にのみ「地震危険等上乗せ保障特約」がある

（注）補償範囲、金額が地震保険と同一のもの

地震保険の損害区分と保険金額（1月から）

区　分	支払われる保険金
全　損	地震保険金額の100%
大半損	60%
小半損	30%
一部損	5%

②地震火災費用保険金（地震火災50％プラン・地震火災30％プラン）

地震等を原因とする火災の損害が生じた場合に、地震保険金・地震火災費用保険金とあわせて、地震火災50％プランでは最大で火災保険金額の１００％、地震火災30％プランでは最大で火災保険金額の80％まで補償します。

現在、この特約はほぼ全社の損害保険会社で取扱いがあります。

但し、先ほどの「地震危険等上乗せ特約」と違って〝地震・噴火またはこれらによる津波を原因とする火災が対象〟のため、地震そのもので全壊したなどの場合には対象外です。

また、建物が半焼以上になった場合などの要件がありますので注意が必要です。

③ＳＢＩリスタ少額短期保険・ＳＢＩいきいき少短の地震の保険

少額短期保険業者の商品で地震災害による費用を補償する保険です。

仕組みが地震保険とは異なり、単独の契約が可能で地震保険に補償を上乗せできる商品です。保険金額は最大で９００万円迄なので、小規模の収益物件にしか活用することは出来ないでしょう。

1 column マグニチュードと震度の違いは？

「マグニチュード」とは、地震そのものの大きさ（規模）を表すもので、「震度」は、地震が起きた際に私たちが生活している場所での揺れの強さのことを表します。

マグニチュードと震度の関係は、マグニチュードの小さい地震でも震源からの距離が近いと地面は大きく揺れ、「震度」は大きくなります。

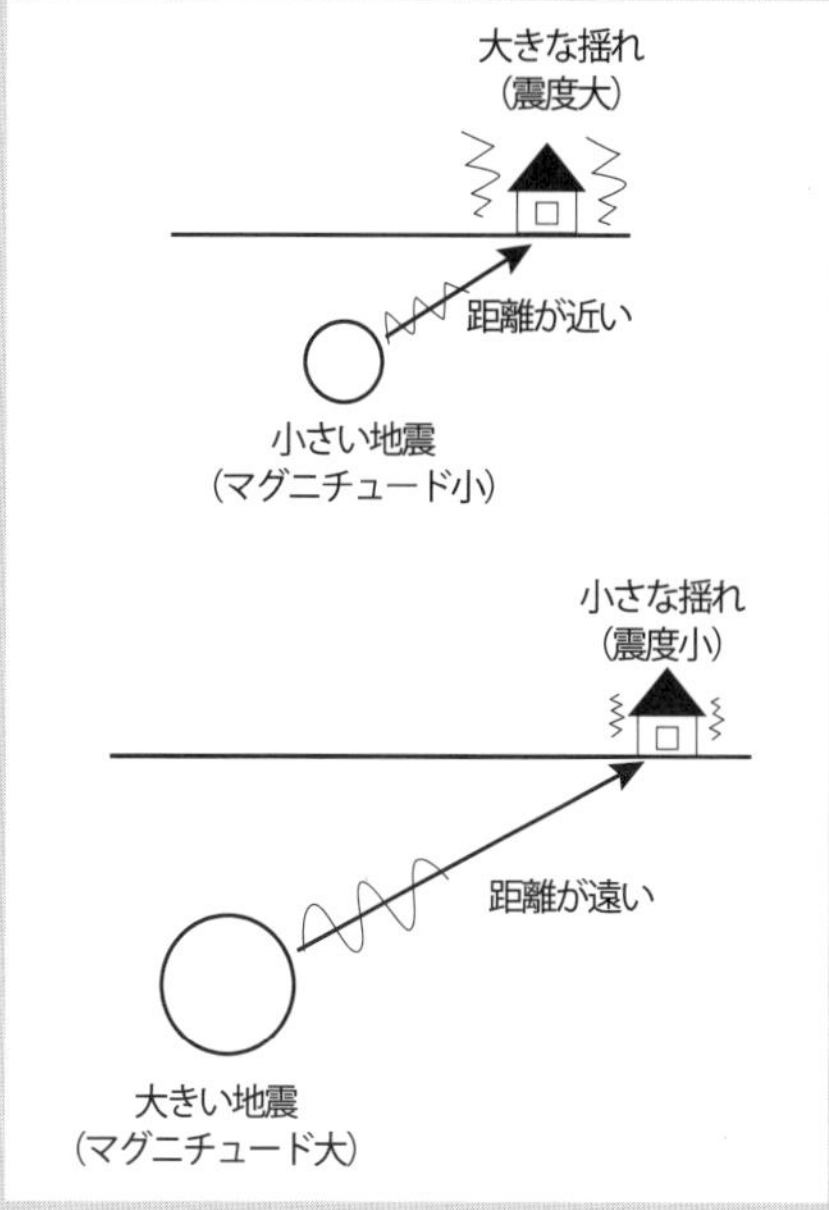

また、マグニチュードの大きい地震でも震源からの距離が遠いと地面はあまり揺れず、「震度」は小さくなります。

ちなみに、マグニチュードは1増えると、地震のエネルギーが32倍になります。マグニチュード8の地震は、マグニチュード7の地震の32個分のエネルギーを持っていることになります。

2011年3月11日に発生した東日本大震災はマグニチュード9.0、2016年4月14日に発生した熊本地震はマグニチュード7.3、2018年9月6日に発生した北海道胆振東部地震はマグニチュード6.7。

いかに大きな地震のエネルギーだったのか理解出来ると思います。

2

火災保険の補償内容

火災保険の補償内容とは？

収益物件における火災保険の補償内容は、次の①～⑫となります。
その内、基本補償は①②となり③～⑫は特約（オプション）扱いです。

①火災／落雷／破裂／爆発（基本補償）
②風災／雹《ひょう》災／雪災（基本補償）

＋

③水災（特約・オプション）
④水濡れ／外部からの物体落下等、騒擾《そうじょう》（特約・オプション）
⑤盗難（特約・オプション）
⑥汚破損／不測かつ突発的な事故（特約・オプション）
⑦施設賠償・建物賠償特約（特約・オプション）
⑧弁護士費用特約（特約・オプション）
⑨電気的機械的事故補償特約（特約・オプション）

⑩臨時費用特約（特約・オプション）
⑪家賃収入特約（特約・オプション）
⑫家主費用特約（特約・オプション）

それでは、各々の補償内容を順番に見ていきましょう。

①火災／落雷／破裂／爆発（基本補償）

物件が火事により、一部もしくは全焼してしまった、落雷により一部破損した、ガス使用に伴う破裂・爆発したなどの基本補償です。

実際に火事（火災）の発生率は、日本全国平均で年間4，000件に1件の割合、つまり0・025％だそうです。

しかし、これは「住宅火災」の確率なので、ビルや工場なども含めた「建物火災」まで含めると被害に遭う確率はもっと高くなります。収益物件の場合、自分の物件が出火の当事者リスクだけではなく、周りからの「もらい火」によって延焼被害に遭うリスクもあります。

特に最近は、ゲリラ豪雨による「落雷被害」の保険金請求が急激に増えています。落雷によって、インターネット回線やオートロック基盤が壊れるなどの被害が毎年増加しています。

②風災／雹《ひょう》災／雪災（基本補償）

「風災」とは、台風・突風・竜巻・暴風等による被害をいいます。《注1》九州では、この風災による保険金請求がダントツに多く、屋根の一部や雨樋や集合テレビアンテナが吹き飛ばされたなどの被害が報告されます。中には、窓ガラスが風圧で砕け散って室内に飛散したという恐ろしい事故も発生しています。

「雹災」は大粒の雹によって窓ガラスや屋根の一部が破損したなどの事故を示し、「雪災」《注2》とは、豪雪の場合における雪の重み、落下等による事故または雪崩をいいます。

《注1》洪水・高潮等は風災には該当しません。

《注2》融雪水（雪解け水）の漏入もしくは凍結、または除雪作業による事故は雪災には該当しません。

③水災（特約・オプション）

大雨や河川の氾濫により、物件が水害《注3》に遭った場合の補償です。この災害も近年では被害報告が増えており、火事による全焼に次ぐ、修復費用が相当多額になる事故です。

結構、勘違いされているのが大雨による「土砂災害」で、これも実は水災になります。「建物」が水に浸かるだけでなく、土砂災害もこの水災で補償されます。高台だから大丈夫、過去の水災被害が無い地域だから付帯無しでいいというのは、ここ数年の被害状況を見ていると通用しなくなってきています。

ハザードマップ上安全地域だからという理由は、もはや安心材料ではありません。九州地区では絶対的必須な補償内容です。

《注3》保険の対象に建物評価額の30％以上の損害が発生した場合、または床上浸水もしくは地盤面より45㎝を超える浸水を被った場合に対象となります。

④水濡れ／外部からの物体落下等、騒擾《そうじょう》（特約・オプション）

水濡れとは、給排水設備の破損・詰まりによって発生した事故をいい、戸室の集合体である収益物件では、ある一定の築年数が経過すると、必ずと言っていいほどお世話になる補償でもあります。

外部からの物体落下・飛来衝突とは、自動車が突っ込んできた場合（通常であれば相手方の自動車保険の対物補償より支払われますが、これが無保険や盗難車両・飲酒運転による事故だと元に戻してもらうまで相当な時間が必要となりますので、この補償で支払うために必要です）や、台風時にどこからか看板が飛んで来て外壁に傷が付いた場合でも、この補償で補うことが出来ます。

以前、飛行中の鳥が落下してきて窓ガラスを突き破って室内に侵入した……予想もつかないような事故もありました。この場合も、外部からの物体落下・飛来衝突にて補償されます。

騒擾《そうじょう》とは近所で暴動やデモがあり、それらの活動によって物件が破壊された場合の補償であり、日本ではほぼ使うことがない補償内容ですが、一応担保されています。

※この保険事故処理だけが、唯一私が経験のない事故です。

⑤盗難（特約・オプション）

泥棒が侵入した際に「窓ガラスを割られた」「鍵を壊された」など盗難行為によって保険の対象である建物が盗取・損傷・汚損の損害が生じた場合に補償されます。数年前に福岡で多発した、金属部材転売目的による「クーラー室外機盗難事故」や「給水栓のバルブ・蛇口盗難」といったような事故もこの項目より補償されます。

⑥汚破損／不測かつ突発的な事故（特約・オプション）

これまでの①～⑤に該当しない場合、この⑥にて保険金の支払いが可能かどうか判断されます。一見、どういった場合に該当するか分かりにくい補償ですが、実は弊社での保険金請求で最も多い補償内容です。

具体的には、「大寒波の際に給湯器が凍結した」「夜中に第三者によってエントランスを破壊された」などのこれまでの①～⑤に該当しない事故をこの補償にて賄うことが可能です。

つまり、「予測出来なかった事故」「常時ある被害ではなく突発的に起こった事故」の事を示します。この重要な補償である「汚破損／不測かつ突発的な事故」ですが、保険料を節約するためなのか、補償内容がよく分からないために外されているケースを多々見かけます。

また、保険会社のプランによっては付帯が出来ない場合もありますので要注意な補償です。

⑦施設賠償・建物賠償特約（特約・オプション）

保険の対象である建物の所有・使用・管理や賃貸管理業務を原因とする偶然な事故により、他人（入居者等）にケガを負わせたり、財物を棄損・破損させる等の法律上の損害賠償責任を補償します。

特に「水漏れ」「水濡れ」事故で使うことが最も多い特約であり、新築・中古関係なく必須な特約です。例えば、給排水設備の故障によって全戸室が水浸しになってしまい、入居者の財物に被害を与えてしまった……などで頻繁に使う特約です。

物件の所有・使用・管理に伴う責任は、過度な消費者保護の風潮により、年々厳しさを増しています……必ず付帯しておきましょう！

賠償事故の例としては、先ほどの「水漏れ」「水濡れ」以外にも、

- 共有部分の階段手すりが急に壊れて、入居者が転落してしまった！
- 外壁の一部が剥がれ落ち、通行人にケガや通行中の車に傷を付けてしまった！
- エレベーターに人が挟まれてケガをさせてしまった！

などに備えて必ず必要な特約ですが、付帯していないケースもよく見かけます。

その場合、施設内で起こった賠償事故は、全てオーナーの自己負担にて賠償《注4》しなければならないので、「賃貸経営事業」としての収益物件には必ず付帯しておきましょう。

《注4》オーナーが法律上の賠償責任義務を負わない場合を除く。

⑧弁護士費用特約（特約・オプション）

火災保険の弁護士費用特約は、弁護士に相談・依頼する費用の全部または一部を補償してくれる特約であり、加害者になった場合だけでなく、被害者になってしまった場合にも使うことが出来ます。

一般的には、施設内での賠償事故が発生し、相手方とスムーズに話がまとまらない際に、弁護士に相談する場合や実際に依頼する場合の費用が支給対象となります。

但し、補償限度額が定められていることが多く、例えば300万円まで補償などと上限があるため、無制限に利用できるわけではありません。

また、火災保険の弁護士費用特約を利用する場合には、事前に保険会社の承認を得る必要があります。勝手に知り合いの弁護士に依頼しても補償対象外となるケースもあるので、注意が必要です。

特に2019年の台風15号・19号・21号発生時には……

●台風時に自転車ポートが吹き飛ばされ、通行中の人に当たってしまい、治療費を請求された…
●屋根の一部や共有部の隔壁板が突風で粉々に吹き飛んでしまい、それらの破片によって近隣の自動車を傷付けてしまい、修理代を請求された…
●大雨時に敷地内の土砂が周りの敷地内に流されてしまい、撤去費用を求められた…

これらの事故が多発し、随分とこの特約での保険金請求を行いました。

正直、これまでは弁護士費用特約を付けても請求する機会はそれほど多くなかったのですが、最近の大規模自然災害によって使う頻度は確実に上がっています。

いざ弁護士に相談・依頼することになると、かかる費用は高額になるケースが多いので、⑦施設賠償・建物賠償と共にセットで必ず付帯すべき特約です（保険会社の商品によって単独特約であったり、⑦と自動セットされているケースもあります）。

⑨電気的機械的事故補償特約（特約・オプション）

建物に附属された設備などについて、電気的・機械的事故（ショート・アーク・スパーク過電流・機械の内的要因による焼き付けなど）により損害が生じた場合に補償されます。

具体的な例では、ＲＣ造のように「エレベーター設置」されている物件や「大型給水ポンプ設置」物件には必須特約です。

機械的寿命（これは免責事由です）ではなく、過電流が流れて壊れてしまったなど、こういった設備の修理代は高額なので、必ず付帯しておきましょう。

２階建て木造＆鉄骨造などでも、配電盤の過電流事故が築15年を超した辺りから発生しやすくなるので、付帯すべき特約になります。

また、屋上に太陽光パネルを設置している場合は特に必要です。

⑩臨時費用特約（特約・オプション）

損害保険金にプラスして10％・20％・30％の選択した割合に応じて支払われる特約です。罹災時に保険金請求をし、損害保険金だけでは実際の費用が賄えない場合に必ず役立ちます。

例えば……

- 損害が復旧するまでの仮住まい費用
- 残存物など周囲の取り片付け費用
- 損害場所特定のための調査費や夜間対応費用・緊急対応費用

●災害時のケガの治療費
●近隣へのお詫び費用
●災害の再発防止にかかる費用

などは保険金支払いの対象とならず、臨時費用特約がなければ全額オーナーの負担となります。

仮に罹災が発生し火災保険から300万円の支払いがある場合、臨時費用特約を30％で契約していた場合には、300万円 × 30％ ＝ 90万円が上乗せされ合計390万円の保険金が受け取れるという事になります。

つまり、90万円が上乗せして支払われるということです。

しかも、この特約にて上乗せして支払われた保険金の用途は指定されていませんので非常に役に立つ特約です。

⑪家賃収入特約（**特約・オプション**）

これは補償される内容を勘違いされているケースが多い特約です。

空室時の家賃保証をするサブリースではなく、

- 物件が火事や消火活動で水浸しになり居住出来ない
- 台風で屋根や外壁の一部が吹き飛ばされて居住出来ない
- 水災で1Fが水に浸かり居住出来ない

などの場合に適用される特約です。

但し、被害を与えてしまった入居者への引っ越し費用を負担する特約ではありません。

実際には、自然災害などで物件が被害に遭った場合、復旧までの間の家賃収入を補填する特約です。補填される期間は1ヶ月〜36ヶ月まで任意設定することが可能です。《注5》

《注5》 各保険会社で設定期間は異なり、補填期間が長くなればなるほど、保険料は割増されていきます。

⑫家主費用特約（特約・オプション）

貸住宅内での死亡事故（孤独死・自殺・犯罪死）によりオーナー（家主）が被る家賃収入の損失や、清掃・改装・遺品整理等にかかる費用を補償します。高齢者や女性ばかり入居している物件、またはセキュリティ設備がない物件には必ず付帯したほうが良い特約です。

賃貸契約上「保証人」が付いていれば、保証人に弁護士を通して復旧に要した費用等を請求することが出来ます。

しかし、天涯孤独者や身元引受人が居ない場合は、亡くなった時点で責務もなくなるので請求は出来なくなります。

この特約については、入居者の単身化・高齢化に向けて今後必須な特約になりますが、現状では、付帯出来る保険会社とそうでない保険会社で二極化しています。

また、孤独死保険を扱うのは大手の保険会社だけではなく、少額短期保険でも販売しています。

補償される内容としては現時点では各社同じような内容です。

● 遺品整理など……「事故対応費用」として最大10万円
● 敷金を超える清掃・修復など……「原状回復費用」として最大100万円
● 事故後に借り手がつかず空室となった場合の減収分……賃料の80%を最大12ヶ月間

但し、保険会社によっては、保有個室が4室以上の建物であったり、入居者の年齢制限は79歳迄、健康状態などの告知義務などの様々な加入条件があります。高齢化社会に向けて、安心して部屋を借りて暮らしていけるよう、各保険会社も様々なプランをこれから発売していく方向にあるようです。

①〜⑫までの補償内容はご理解頂けましたでしょうか？

①②は基本補償であり、それ以外は全て特約（オプション）になりますので、エコノミープランやスリムプランといった名称のプランに加入していると、ほぼ①②しか補償されないことになります。《注6》

《注6》 各保険会社によって、名称は異なります。

弊社では、基本的に①〜⑩までがセットされたプランにてご提案させて頂いておりますが、⑪⑫はご希望・ご要望に合わせてお勧めしております。

特に⑫は、入居者審査やレントロール状況（入居者年齢・入居期間・属性等）を把握することで、ある程度は未然に防ぐことが出来るためです。

①〜⑩の補償内容は「賃貸経営事業」として必須となりますが、⑪⑫はご予算に都合がつけば付帯しておいた方が安心な特約です。

現場で起きた事故（実例を基に）

ここでは、これまで私が保険金請求を行ってきた事故例を基に、火災保険が「どんな時に」「どのようにして」役立つのか、そして「どういった場合」が保険適用外となるのかを実際に現場で起こった30パターンの事故例にて解説します。

現実に起こった際に所有物件加入の火災保険で対応出来るか否かが、この章にてチェック出来ます。先に記載した「火災保険の補償内容とは?」とリンクさせて読み進めると、更に理解が深まると思います。

また、どちらの立場か分かり易くするために…

※賃貸人……物件所有者である「オーナー」

※賃借人……部屋を借りている「入居者」

という表記にしております。

【事故例1】入居者の火の不始末により物件の一部が焼けた、もしくは全焼してしまった！

⇩基本補償である「火災」により適用可

もしくは入居者の借家人賠償責任保険《注1》から支払われます。

《注1》借家人賠償責任保険とは、入居者がオーナーに対して損害賠償責任を負った時に補償される入居時に加入する「入居者用保険」に付帯されている特約です。賃貸借契約では、入居者は契約終了後に借りている部屋を、元の状態に戻してオーナーに返さなければならない義務を負っています（原状回復義務）。

もし入居者が火事などを起こしてしまい建物に損傷を与えた場合、これを元通りに修復してオーナーに返還しなければなりません。出来ない場合には、民法415条により債務不履行責任による損害賠償責任を負うことになります。

このように、入居者がオーナーに対して損害賠償責任を負う事態に備えて加入しなければならないのが借家人賠償責任保険です。基本的に入居者が加入する保険は、「家財補償」「借家人賠償責任補償」「個人賠償責任補償」の3つがセットになっていることがほとんどです。

賃貸住宅では、火事などの大きな事故だけでなく、漏水や破損などの事故も多く発生します。もし事故が発生すれば建物に何らかの損害が及び、元通りに修復するには多大な費用がかかります。入居者が入居者用火災保険に加入していない、もしくは保険が切れていた（保険期間2年のパターンが多い）場合は、入居者は自費でその費用を負担するしかありません。

そのため、賃貸の契約時には必ず借家人賠償責任保険に加入することが求められ、賃貸契約を交わす条件（強制）でもあるわけです。

【事故例2】第3者の犯行（愉快犯など）により、物件に火をつけられてしまった！

⇩基本補償である「火災」により適用可

犯人が特定できた場合、もしくは捕まった時は保険会社が一旦、オーナーへ保険金を支払い、その後犯人へ求償《注2》します。

《注2》求償とは、保険会社が事故の被害者である契約者に保険金を支払うことで、相手に対する保険金請求権を得て、加害者に対して請求することです。

【事故例3】近所で発生した火災（火事）の火の粉が飛んできて、所有している物件の一部が延焼（もしくは全焼）してしまった！

⇩基本補償である「火災」により適用可

事故原因が他の火災でも、所有物件が被害を受けた場合は補償対象となります。

【事故例4】台風／暴風／突風／竜巻により、物件が被害（外壁破損や屋根の一部吹き飛び、テレビ集合アンテナの破損など）を受けてしまった！

⇩基本補償である「風災」により適用可

但し、「20万円フランチャイズ方式」もしくは、「免責方式」の特約が付いている場合は、全額保険金で賄うことが出来ない場合もありますので、注意が必要です。

※20万円フランチャイズ方式…損害額が20万円を超えると保険金額を限度に全額補償されますが、20万円を超えない場合、保険金が1円も支払われないという契約です。

▼支払い具体例

● 10万円の損害が発生した場合…支払保険金：0円
● 15万円の損害が発生した場合…支払保険金：0円
● 25万円の損害が発生した場合…支払保険金：25万円

※免責方式…免責方式では保険会社によって異なりますが、「0円・3万円・5万円・10万円」の中から、自分で免責金額を選択出来ることが大きな特徴です。
免責金額を高く設定するほど保険料は安くなり、逆に免責金額を低くすると保険料が高くなるという仕組みになっています。

▼支払い具体例（免責金額を5万円に設定した場合）

●2万円の損害が発生した場合…支払保険金：0円

●5万円の損害が発生した場合…支払保険金：5万円－5万円（免責金額）＝0円

●10万円の損害が発生した場合…支払保険金：10万円－5万円（免責金額）＝5万円

20万円フランチャイズ方式や免責金額を設定することで、保険料の節約になりますが、いざという時に自己負担額が発生するリスクがあります。

【事故例5】大雨／台風時に屋根上防水のコーキング切れ、外壁コーキングの劣化での染み込み、クラック（ひび割れ）の隙間から雨漏りが発生してしまった！

⇩火災保険は適用不可

経年劣化及びメンテナンス不足で起こった事故は、火災保険の支払い対象外となります。「雨漏り」そのものが適用不可ではなく、経年劣化及びメンテナンス不足が原因で発生した事故を示します。

例えば、大雨・強風で屋根が吹き飛ばされて、それが直接的原因で雨漏りが生じた場合は、火災保険は適用可となります。他にも落雷や積雪の重さで屋根が一部破損し、それが原因で雨漏りした場合なども適用されます。

【事故例6】大雨／台風時に屋根や外壁の一部が吹き飛ばされて、室内に雨水が浸入した！

⇩基本補償である「風災」により適用可

しかし、「水濡れ損害」は特約（オプション）であるため、「水濡れ損害」を付帯していない場合は、水濡れによって損害を受けた壁紙やフローリングなどは全てオーナー自己負担での修復となります。

【事故例7】敷地内の自転車ポート・カーポート・バイクポートが台風により吹き飛ばされてしまった！
また、その吹き飛んだ破片などが近隣の住宅や停車中の車に当たってしまい、迷惑をかけてしまった！

⇩破壊・破損してしまった敷地内の構築物は、基本補償である「風災」により適用可

しかし、吹き飛ばされた破片などにより、近隣への財物破損についてはそもそも賠償義務が発生しませんので、保険適用されません。

民法717条では、「土地の工作物の設置または保存に『瑕疵《かし》』があることによって他人に損害を生じた時その工作物の占有者は被害者に対してその責任を負う」とあります。

言葉の意味が分かりにくいのですが、「工作物」を所有物件、「瑕疵」を法律上の重大な落ち度や欠陥と読み替えると……

「所有物件の維持管理に重大な落ち度があった場合は、物件所有者は被害者に賠償しなければならない」

となります。

そこでポイントになるのは、敷地内の構築物が吹き飛ばされた原因によって、賠償責任の有無が変わるということです。原因が地震や台風・竜巻のような自然災害であった場合は、通常、賠償責任は発生しません。所有物件の維持管理が原因ではないという判断となります。

しかし、原因が自然災害ではなく、数十年とメンテナンスをしていなかったり、管理会社や入居者から注意や修繕依頼を受けていたにも関わらず、それを怠っていたために起こった事故だとすると、損害賠償は免れることは出来ません。これは物件所有者の「重大な落ち度」として判断されます。

今回のケースだと、台風が原因なので賠償責任は発生しないことになります。

【事故例8】入居者の使用ミス（風呂場の水を出しっ放しで外出した・洗濯機の排水口の取り付けを誤った接続方法が原因等）で、下階へ水濡れ損害を与えてしまった！

⇩先述の入居者加入の3つセットである、個人賠償責任の部分より支払われます。

但し、家具・家電を設置したのが入居者ではなく設置業者であれば、設置業者へ賠償請求を行えます。

つまり、「起きた事故の原因は何か？」「誰が起こした事故なのか？」という責任の所在地によって対応が異なります。

【事故例9】給排水設備（配管のピンホール[注3]）の事故により水漏れ事故が発生した！

⇩特約（オプション）である「汚破損・不測かつ突発的な事故」・「水濡れ損害」により適用可

どちらも付帯していない場合はオーナー自己負担での修復となります。

また、損害を与えてしまった入居者の家財道具には、「施設賠償特約[注4]」を付帯していればその特約より「時価額」にて支払われます。

但し、「施設賠償特約」も付帯していない場合は全てがオーナー自己負担での賠償となります。

《注3》配管のピンホールとは、水道管などの管内部の金属面が部分的に腐食して、局部的にピット（孔）ができることを言います。原因は腐食やサビなので、管そのものの修理費用は保険対象ではありませんが、そのために起こった壁紙やクロス、床の濡れ損害は対象となります。
しかし、同じ箇所で何度も1年の間に事故があったりすると、もはや不測かつ突発的ではなく、「予測できた事故」になります。

以前ピンホールがあった配管のすぐそばがまたピンホールで水漏れしても、「事故」として扱われなくなるため、一度目の事故の際に新しいものに取り換えておく必要があります（ピンホールの場合は、特にその穴の空いた管周辺が当然、同様の劣化状態にあることが想定できるため）。

《注4》施設賠償特約については、P59⑦を参照下さい。

【事故例10】屋根上及び外壁に取り付けている排水管・排水口・雨樋いに枯葉や虫の死骸などのゴミや異物が詰まって、室内にオーバーフローしてしまった！

⇩特約（オプション）である「汚破損・不測かつ突発的な事故」・「水濡れ損害」により適用可
但し、どちらも付帯していない場合はオーナー自己負担での修復となります。

【事故例11】寒波によって、水道管及び配管が凍結して破裂してしまい、水浸しになった！
⇩特約（オプション）である「汚破損・不測かつ突発的な事故」・「水濡れ損害」により適用可
但し、どちらも付帯していない場合はオーナー自己負担での修復となります。

【事故例12】台風時や暴風時の大雨によって、建物の1階部分が浸水してしまった！
⇩特約（オプション）である「水災」《注5》により適用可
但し、付帯していない場合はオーナー自己負担での修復となります。

《注5》地盤面より45㎝を超える浸水、または損害割合が30％以上となったときに「水災」の支払い対象となります。

【事故例13】降り続いた長雨によって、土砂崩れが起きてしまい、建物が全部流されてしまった！
⇩特約（オプション）である「水災」により適用可
但し、付帯していない場合はオーナー自己負担での修復となります。

【事故例14】大雨によって河川の氾濫が起きて、建物は無事だったが敷地を囲うフェンスや門・塀だけ被害を受けてしまった！

⇩特約（オプション）である「水災」を付帯していても適用不可

「水災」の場合のみ、フェンスや門・塀は建物自体に損害がないと保険金の支払い対象となりません。「風災」でフェンスが倒れた、ブロック塀が第三者によって当て逃げされたなどは、「汚破損・不測かつ突発的な事故」にて対応出来ます。

また、地震によるフェンスや門・塀・敷地内駐車場のアスファルトの損害は「対象外」です。地震保険で対象となるのは、建物の主要構造部（柱や屋根、外壁など）の損害のみです。

【事故例15】地盤沈下によって建物が傾いてしまった！　もしくは埋没してしまった！

⇩火災保険は適用不可

地盤沈下の原因は主に次の7つと言われています。

1 震災としての地盤沈下
2 液状化による地盤沈下
3 経年圧密による地盤沈下
4 近隣の工事による地盤沈下

5 地下水の過剰な汲み上げによる地盤沈下
6 自動車や鉄道の交通振動を原因とした、土の締め固めによる地盤沈下
7 地下のトンネル工事による地盤沈下

地震保険を付帯していれば原因が1・2の場合、補償を受けることが出来ます。
しかし、原因が3～7の場合は火災保険の対象ではありません。

【事故例16】近所で起きた落雷によって、オートロックの施錠ができなくなったり、インターフォン・インターネット回線が壊れてしまった！

⇩基本補償である「落雷」により適用可

【事故例17】夜中に何者かによって、集合ポストやエントランス入口のガラス戸を破壊されてしまった！

⇩特約（オプション）である「汚破損・不測かつ突発的な事故」により適用可
警察へ被害届けを出して、受理された受理番号にて保険金請求を行います。
但し、付帯していない場合はオーナー自己負担での修復となります。
ちなみに、この手の事故はストーカー被害の一連した事故の場合が多いようです。

【事故例18】何者かによって、外壁にスプレーでイタズラ書きされてしまった！

⇩特約（オプション）である「汚破損・不測かつ突発的な事故」により適用可

警察へ被害届けを出して、受理された受理番号にて保険金請求を行います。

但し、付帯していない場合はオーナー自己負担での修復となります。

【事故例19】入居者の所有する車によって、外壁に傷を付けられてしまった！

⇩火災保険の適用不可

入居者の加入する「自動車保険の対物」より支払われます。但し、入居者が自動車保険に加入していなかった場合は、入居者の自己負担にてオーナーへの賠償義務を負います。

このケースで、ぶつけてしまったのが入居者ではなく、第三者（誰がしたのか不明）の場合、特約（オプション）である「汚破損・不測かつ突発的な事故」により適用可となります。

但し、付帯していない場合はオーナー自己負担での修復となります。

【事故例20】共有ダストボックス、エントランスの飾りオブジェが何者かによって盗まれてしまった！

⇩特約（オプション）である「盗難」により適用可

警察へ被害届けを出して、受理された受理番号にて保険金請求を行います。
但し、付帯していない場合はオーナー自己負担での修復となります。

【事故例21】防犯カメラ／監視カメラの防水加工に不具合があり、大雨時にカメラが壊れてしまった！

⇩火災保険の適用不可
カメラ製作メーカー及び取付施工業者による製造ミス・施工ミス・加工ミスなどは対象ではありません。

【事故例22】入居者の一室に泥棒が侵入し、ドアノブ（鍵など）や窓ガラスを破損させられてしまった！

⇩特約（オプション）である「盗難」により適用可
警察へ被害届けを出して、受理された受理番号にて保険金請求を行います。
但し、付帯していない場合はオーナー自己負担での修復となります。
なお、盗まれてしまった入居者の家財道具や現金は、入居者加入の家財保険より支払われます。

オーナーが弁償・賠償する義務はありませんが、元より施錠が出来なかった、窓ガラスの破損を入居者より指摘されていたにも関わらず、その状態を放置していた場合は、オーナーに弁償・賠償する義務が発生します。《注6》

《注6》オーナーは、入居者との間で賃貸建物について締結している建物賃貸借契約に基づき、賃貸建物を使用・収益に適する状態において、入居者に使用・収益させる義務を負い、入居者は使用・収益の対価としての賃料を支払う義務を負います。
オーナーが当然行うべき物件の管理を適正に行わず、そのために事故が発生したというような場合には、オーナーの過失による債務不履行または不法行為に基づく入居者やその他の被害者に対する損害賠償義務が発生します（民法第４１５条または民法第７０９条）。

【事故例23】給水ポンプ及びエレベーターが故障（寿命）し、使用出来なくなった！

⇩火災保険は適用不可

機械的寿命・腐食・劣化は対象ではありません。

【事故例24】給水ポンプ及びエレベーターが落雷によって基盤が破損して作動しなくなった！

⇩基本補償である「落雷」により適用可

【事故例25】給水ポンプ及びエレベーターが過電流事故により破損して機能しなくなった！

⇩特約（オプション）である「電気的機械的事故《注7》」により適用可

但し、付帯していない場合はオーナー自己負担での修復となります。

《注7》過電流の発生原因は2種類あります。

間違った配線や故障により短絡（ショート）してしまった場合、もうひとつは過負荷により許容以上の電流が流れる場合です。

火災保険の「電気的機械的事故特約」で補償されるのは、後者の場合となります。

【事故例26】配電盤に雨水が溜まってしまい、配電盤がショートして全室電化製品が使えなくなったり、エレベーターなどの附属設備が動かなくなってしまった！

⇩火災保険は適用不可

原因が配電盤回りの防水加工（コーキング）切れ、もしくはサビなどによって隙間から雨水が浸入し、ショートした場合は保険適用外となります（これは「電気的機械的事故特約」を付けていても原因が劣化やサビによるものなので補償対象とはなりません）。

配電盤のショートが原因で、電流が逆流して入居者の家財道具（テレビ・パソコン・冷蔵庫・電子レンジなど）をショートさせてしまった場合、とんでもない賠償額へと発展しますので、大型附属設備のメンテナンスは重要になります。

配電盤に関する事故は、築20年を超すと漏電事故が多発傾向にあるようです。

【事故例27】配管・排水管の汚れや詰まりによって、全戸室のトイレや洗面台などの水流が悪くなってしまった！

⇩火災保険は適用不可

こういったケースでは、配管・排水管を高圧洗浄清掃を行うことで改善しますが、場合によっては「管」そのものを交換しなければならないこともあります。

これらは「事故」には該当せず、「メンテナンスや修繕項目」となりますので、高圧洗浄清掃にかかった費用や調査料《注8》は火災保険の補償対象外になります。

《注8》夜間の水漏れ事故などで、緊急対応費や夜間対応費という名目で管理会社からの請求項目がありますが、これらは「実損害」ではないので火災保険の支払い対象ではありません。そのためp63の「臨時費用特約」付帯が必要になるのです。

【事故例28】台風・強風時に、敷地内にある植栽の倒木により近隣に迷惑をかけてしまった！

⇩火災保険は適用不可

昨今の大型自然災害により、倒木被害が頻発しています。

- 隣家の塀やフェンスを傷つけてしまった
- 駐車していた入居者の車に倒れてしまった
- 公道に倒れてしまい、通行の妨げをしてしまった

このような倒木被害が起こった場合の賠償責任は、基本的にオーナー（所有者）に対しては発生しません。

確かに倒木被害によって住宅や所有物に何らかの損害があった場合、人間の心情としては誰かに修理費用を請求したくなるのも理解出来ますが、民法では「台風や地震などの自然災害による倒木被害に賠償責任はない」とされています。

但し、賠償責任のない「自然災害により倒木被害であるものの、植栽管理を怠ったことが明確である場合」に賠償責任が発生する可能性もあるので注意が必要です。

●植樹を施工した業者の施工完了報告書などの書類
●定期植栽メンテナンス時及び清掃作業の業務完了報告書などの書類
●これらに関する写真等

思わぬ事故から賠償請求されないためにも、普段から管理を徹底している証拠となるような書類・画像を保管しておくことをお勧めします。

【事故例29】見通しが悪い場所なので、「入居者のために」と駐車場入口・出口に道路を挟んで（敷地外）、カーブミラーを設置していたが、何者かによって壊されてしまった！

⇩火災保険は適用不可

「敷地外」の設置物・構築物は対象とはなりません。

【事故例30】大雨による浸水被害によって、入居者の車が水没してしまい、入居者より修理代を請求された！

⇩火災保険は適用不可

一見「?」となるような要求ですが、実際に請求してくる入居者は希に居ます。

オーナーは契約上、駐車場の設備を整備して、入居者が安全に車を駐車できるようにする義務を負っています。

従って、もしオーナーの落ち度でこの義務に違反した結果、駐車中の車両を破損させた場合、自動車所有者に対して損害賠償責任を負うことになります。

しかし、集中豪雨で川が氾濫して駐車場が浸水したような場合は、自然災害ですからオーナーに落ち度はなく、損害賠償責任を負いません。

但し、過去の判例では（私はまだ経験したことがありませんが）、損害賠償請求の根拠として、賃貸借契約締結に際しての「説明義務違反」を主張し、裁判所はオーナーへ、浸水により廃車になった車の時価額分を車両所有者に賠償を命じたケースもあったようです。

ここでの「説明義務違反」とは、その場所が過去10年間に2度浸水被害に遭っており、その時にオーナーは駐車場補排水設備の性能の改善等をしていませんでした。

このような事情について契約前にオーナーは、管理会社や仲介業者に説明せず、賃貸借契約（入居募集）したことが「説明義務違反」として損害賠償請求されてしまったのです……。

基本的に入居者の所有物は、入居者加入の保険での対応となります。

- テレビやパソコンが落雷で壊れた…入居者加入の家財保険
- 自動車が水没した…入居者加入の自動車保険

以上、実際に私が携わった事故例を交えた解説はいかがでしたでしょうか？

第2章冒頭の「火災保険の補償内容とは？」でご紹介したように、火災保険は、基本補償+特約（オプション）で成り立っています。収益物件における火災保険では、ほとんどが特約（オプション）なので、これらを端折ってしまうと今回ご紹介した事故例のほとんどが役に立たないことになります。

物件規模・構造にもよりますが、フル補償として年間数千円～数万円かかる特約（オプション）が罹災時には数百万円～数千万円の損害補填金（保険料＜損害額）へとリスクヘッジをかけることが出来るようになるのです。

弊社での保険金請求Ｔｏｐ３

先述では「火災保険の補償内容」をお伝えしましたが、この項目では火災保険専門店である弊社での保険金請求Ｔｏｐ３を公表したいと思います。

1位：不測かつ突発的な事故（43％）

この補償は、弊社では保険金請求の全体の約半分を占めています。

- 知らない間に物件の外壁や敷地内のポールを車でブツけられていた……。
- スプレーで物件に落書きをされてしまった……。
- 集合ポストがイタズラをされて破壊された……。

など、ほとんどが大事な物件を棄損・破損されてしまった場合によく使います。

しかしながら、火災保険知識が乏しい担当者の勧めで加入すると、保険料を少しでも安く見せるために補償が外されているケースをよく見かけます。

本来ならば、使う確率が高い補償にこそ保険料を使うべきであり、ましてや物件を短期で売却するのではなく、しばらく保有する予定であれば尚更です。保有が長期になればなるほど、様々なリスクが増えていきますので、これだけ使用頻度が高い補償は省くべきではないと思索します。

2位：風災事故（36%）

弊社が九州地区限定の火災保険専門店故なのですが、どうしても台風の通り道になり易く、風災被害は避けられません。この補償も全体の約3割強と保険請求が多い補償です。

屋根の一部や雨樋、集合テレビアンテナが吹き飛ばされたなどの被害といった比較的少額な請求が多いのですが、時には突風で屋根全体が吹き飛ばされた、敷地内の自転車ポートが暴風・突風によって飛ばされてしまったなど請求金額が高額になるケースもあります。

3位：落雷事故（28％）

ここ数年で大幅に順位を上げてきた補償です。急に大きな雷音とともに発生するゲリラ豪雨によって、

- インターネット回線が焼き付いてインターネットができなくなった……。
- オートロック基盤が壊れて全戸施錠ができなくなった……。
- 機械式駐車場の圧力ポンプが作動しなくなった……。
- エレベーター基盤がおかしくなって使用できなくなった……。

附属設備の規模が大きければ大きいほど、修理金額・修復金額は高額になります。こちらも保険金請求額が毎年高額になってきています。

そもそも「保険」とは、リスクマネジメントの観点で「被害規模が大きく、発生確率が小さいケース」（次頁図）のリスクの移転部分で採用するものです。

このような考えは生命保険や大企業の損害保険では問題ないのですが、収益物件の火災保険では当てはまりません。

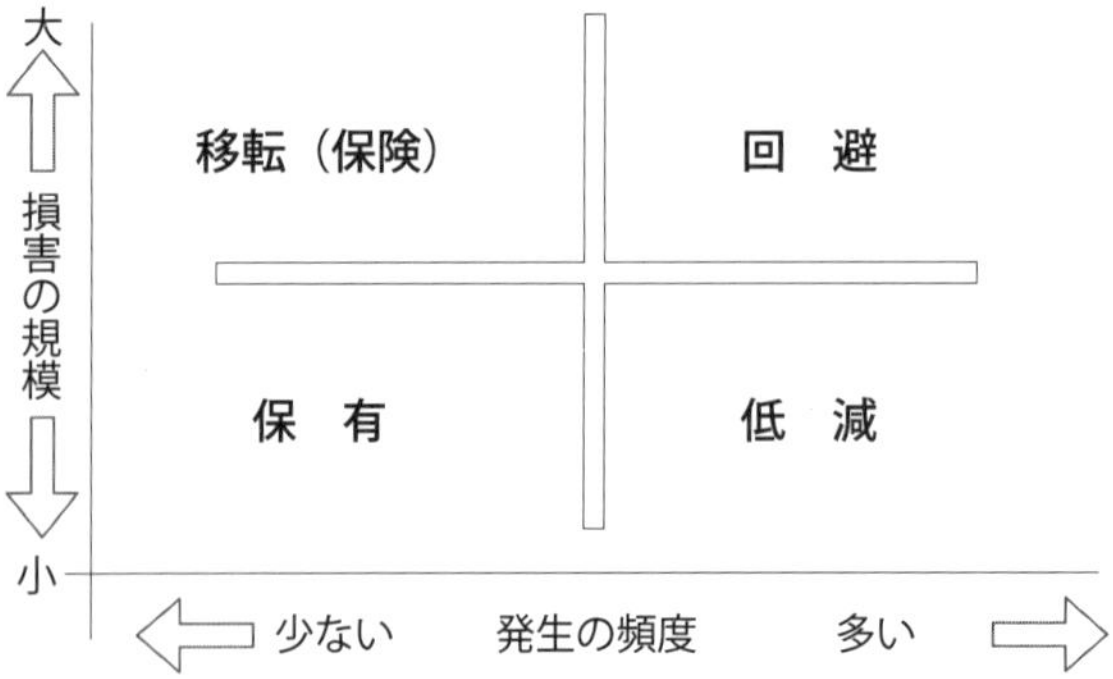

保険のリスクマネジメント

生命保険では、万が一の「死亡」や「入院」、以前話題となった自動車メーカーのエアバッグ不良品による多額の賠償金支払いなどが「損害規模が大きく、発生頻度が小さいケース」に当てはまります。

しかし、収益物件では「利益を最大化」にすることが目的なので、「損害規模が小さく、発生頻度が多いケース」（上図）の低減部分になります。

でないと、事故の都度オーナー自己負担で修理や修復しなければならず、「利益を最大化」することができなくなってしまいます。

上図での「損害規模が大きく、発生頻度も多いケース」は、回避部分に該当しますが、回避とは、リスク発生確率が高く、しかも損害額も大きくなるので、そのビジネスモデルを採用しないという選択になります。

私がこの業界に入った頃は、事故受付及び事故処理で忙しい時期は限られていました。梅雨時と台風シーズン位が繁忙期でしたが、ここ10年位は季節・気候に関係なく、1年中、事故受付及び事故処理を行っています。

こういった状況ですが、形ある収益物件では「回避」＝「保険に加入しない」という選択肢を選ぶ訳にはいきません。

よく「保険」についてのブログやコラムで「掛け金を回収できないので不要」や「月々自分で積み立てた方がお得」などという記事を見かけますが、医療保険や死亡保険ではその考え方は当てはまりますが、収益物件の火災保険という観点では全く当てはまりません。

これは今回ご紹介した、実際に弊社が毎月行っている保険金請求手続きのTop3にてご理解いただけたのではないでしょうか。

※築15年を過ぎた物件でのデータになると、先の順位と大きく入れ替わり、「水漏れ事故・水濡れ事故」がダントツ1位になります。

これは物件の老朽化に伴い、配管からの水漏れ事故・冬季の凍結などが原因での給排水管破損による水濡れ事故が多発するためです。

事故例を見ても、似たような印象ですが保険金の支払われる項目が異なります。水災は「火災保険」の水災補償特約から支払われ、津波は「地震保険」から支払われるのです。

河川の氾濫や都市部で多い集中豪雨の際に、大量の雨水がマンホールや側溝から地上にあふれる都市型水害が「水災」で、海水による被害が「津波」なのかと言えばそうではなく、台風や発達した低気圧などにより海水面が普段より著しく上昇することにより、防波堤などを越えて海水が流れ込む「高潮被害」は「水災」となります。

つまり、原因が「地震」によるものかどうかがポイントであり、地震が原因で起こる津波、地震が原因で起こる土砂災害は、地震保険の補償対象となるのです。

それ以外が原因の「海水や水」による損害は「水災」となります。

【火災保険と地震保険の違い】

火災保険	地震保険
■自然災害を広く補償 ・火災 ・雹《ひょう》 ・風災（台風など） ・水害（土砂崩れなど） ・雪災（雪崩など）	■地震・火山噴火と、これらが原因となって起こった津波による損害を補償

2 column　津波と水災は似て非なるもの

一般的に「火災保険」は、読んで字の如く「火事や火災」だけを補償する保険と思われがちですが、補償の範囲は火災だけに留まらず、台風や竜巻などの風災や落雷による損害、大雪による損害などの自然災害によって受けた損害や、排水管が詰まりフローリングや壁紙が水浸しになった場合の水濡れ損害、窓を割られて泥棒に侵入された場合の盗難損害といった、日常生活における損害も補償されます。

その中で、最も補償内容についての誤解が多いのが「水災（水害）」です。

平成23年（2011）3月11日に発生した東北地方太平洋沖地震による津波、平成29年（2017）7月5日から6日にかけて福岡県と大分県を中心とする九州北部で発生した集中豪雨、どちらも海水や河川の水により、建物が流される痛ましい映像が流れましたが、同じ「水」による被害でも津波と水災は似て非なるものです。

水災とは、台風や暴風雨などにより発生する河川の氾濫による洪水《こうずい》、高潮、土砂崩れによる損害を示します。

- **台風で近くの川が氾濫し、床上及び床下浸水してしまった。**
- **豪雨等で山が土砂崩れを起こし、建物が押し流されてしまった。**

津波とは、地震や海底火山の噴火などによって生じる非常に波長の長い「波」による損害を示します。

- **津波により、海水が建物に浸入し、床上及び床下浸水してしまった。**
- **地震の影響で津波が起き、建物が押し流されてしまった。**

3

現場で得た教訓15ヶ条

火災保険という角度で、不動産投資を見た場合に「物件の構造・築年数・起こりえそうな事故、登記簿履歴や修繕履歴、建築場所や周りのロケーション」など、様々な状況下の物件を担当してきた私なりに推し計る基準があります。

この章では、これまで行ってきた事故処理や賠償での示談手続きなどで得た「15ヶ条」の知見を紹介してみたいと思います。

第1条・・収益物件の火災保険は、「保険料」ではなく「補償内容」で選ぶべし！

融資状況が厳しくなった現在（2019年6月時点）では、特に自己資金投入割合について、以前よりも厳しく金融機関はチェックするようになってきました。

「属性」評価が高く、「資産背景」に問題がない高属性の方には、少ない自己資金割合もしくはフルローンでも融資は行われていますが、一般的には、物件価格の1割〜3割《注1》と言われています。

《注1》物件価格や融資金額によって異なりますが、不動産投資で物件購入時に必要な諸経費は物件価格の7〜8％程度。

希望する融資金額が減額になったり、予想以上に諸経費がかかった場合、問題になってくるのが物件購入時に加入しなければならない「火災保険＝支払保険料」です。予算が残っていない場合は「補償を省いて保険料を抑える方法」と「加入年数を短くする方法」しかありません。

自宅などの「収益を生まない」ものは、「補償を省いて保険料を抑える方法《注2》」でも構わないのですが、「収益を最大化する」という目的がある収益物件ではお勧めではありません。

《注2》それでもその都度、自己負担が発生するのは不動産投資に回せるお金が減ることになります。

特に、中古物件を購入した場合は「修繕費」も必要になってきますので、「火災保険」で手当出来る範囲は拡げておくべきです。無理して、補償を省いて加入年数を長期で引っ張るよりも、補償範囲は拡げて「年払い」や「5年一括」にしておく方が安心です。

収益物件は、長期所有するにつれて「築年数経過」によるリスクが大きくなっていきます。補償範囲を省いて加入年数を永くすることは「保険適用範囲の狭い期間が永く続く」ことを意味します。

実際に、補償を省いたプランで加入していて事故が続いた際に、保険適用が出来ないことが続くと「最初からちゃんと加入しておけばよかった……」という補償内容の見直し相談を受けることが多々あります。

そもそも、「火災保険がどういった時に役立つのか？」という数多くの事例が知られていないために、こうした問題が起こります。数多くの事故例や適用範囲を知れば知るほど、補償を省くことが恐ろしくなってくるはずです。

火災保険に限らず、「保険」とは経済的解決策の一つであり、資金が少ないからこそ補償は省くべきではありません（資金が潤沢にあれば、何でも所有現金で解決すればよいのですから）。

無理して加入期間を長期で引っ張るよりも、補償を充実させて固定資産税と同じように、「毎年の収益から来期の火災保険料を支払う」といった考え方も今後は必要になりそうです。《注3》《注4》

《注3》２０１５年10月・２０１９年10月と2度も火災保険料は値上げされましたが、２０２０～２０２１年にかけて再度保険料の値上げが予定されています。

《注4》築30年超など保険請求しても明らかに「経年劣化」と判るような物件、現状有姿渡し取引（インスペクション実施含む）、短期間所有後の転売目的物件、節税目的での購入、修繕費も損金計上しながら物件の価値を上げていく目的等の場合は、この場限りではありません。

第2条・・家賃と常識外の賠償事故は反比例する！

これは、家賃が低い物件ほど入居者とのトラブルに発展する賠償事故発生率が高くなるというものです。

家賃が安い物件に入居を希望される方は、色々な事情があってかと思いますが、「入居者属性」という点でみても、大体同じ層の方が住まれています（中には、住まいに全く興味がない高属性の方もおられますが、非常に希なケースです）。

- 入居者間でのクレームやトラブルが頻発する
- 物件が常に破損・汚損・破壊されてしまう
- 問題発生時に面倒がり、解決対応に向けて非協力的である

いくら利回りが良くても、こういった事故が多い物件は、火災保険適用範囲が狭くなるので注意が必要です。

特に「騒音」「異臭」といった物的事故でないものは、火災保険では対応出来ません。

賠償事故に限らず、一般的に、「家賃が低い物件ほど滞納率が高く、家賃が高い物件ほど滞納率が低い」といった家賃滞納についても管理会社曰《いわ》く当てはまるそうです。

第3条・「表面利回り」と「事故率」は比例する！

これは、表面利回りが高い物件ほど様々な自然災害や賠償事故が多いという過去の経験に基づく見解です。築年数が経過した物件は、その分安く購入できるので表面利回りは高くなります。

単に利回りだけで物件の良し悪しは判断出来ませんが、稼働率が高い・賃貸需要の大きい地域などの一定の条件を満たしていれば、利回りが高ければ高いほど収益が上がることは間違いありません。

しかしながら、火災保険という角度で見てみると利回りが高い物件ほど、様々なパターンの事故に巻き込まれている場合が多いのです。

自然災害（台風や地震など）は意図して起こせるものではなく、ましてやコントロール出来るものではないので半ば仕方ないのですが、配管・排水管の水漏れ事故や漏水事故、屋根上・外壁からの雨漏り、附属設備（給水ポンプや配電盤・エレベーター等）の不具合や故障による「事故」は大変です。

これらの「事故」は、保険金請求をすること自体は可能ですが「経年劣化によるもの」《注1》に該当することが多く、「手出し・自己負担」を抑えることが難しくなります。

そうなると表面利回り上は問題がなくても、これらの「事故」により収益性が悪くなります。シミュレーション上では出てこない、目に見えないキャッシュアウトを織り込むことが必要です。

こうしたリスクについては、物件を検討する際に修繕履歴をキチンと確認することで防げます。何度もお伝えしていますが、修繕履歴やメンテ記録帳があれば保険請求時に「経年劣化」を避けることが出来ますので大変重要なポイントです。

《注1》経年劣化とは、年月の経過に伴って、自然に色褪せたり一部機能が不能になり、物理的・構造的な変化によって品質・性能が著しく低下することを示します。
経年劣化は、その使用者の落ち度に関係無く必ず発生するものです。偶然の事故・災害を補償する火災保険では、「自然な劣化（経年劣化）は補償対象外」とされています。

第4条・・必ず管理会社を通した入居審査・入居付・建物管理を！　自主管理は避けるべき！

市内では自主管理物件は少ないのですが、郊外や郡部などではまだまだ自主管理物件が多いようです。自主管理とは、入居者管理や建物管理をオーナー主導で行うものです。家賃の徴収や共有部の掃除、トラブルやクレームの対応、建物の不具合時には工務店、クロス貼り業者、水道業者、ガス会社などにオーナーが直接発注します。

自主管理のメリットは、管理会社を通さないので管理委託料や外注業者との中間マージンが発生しないことによるコスト削減です。

しかし、クレームやトラブルは24時間・365日いつ起こるか分からず、精神的・肉体的・時間的負担が発生します。また、クレームやトラブルの適切な処理ノウハウを持っていないと、大きな賠償問題へと発展してしまう可能性もあります。

特に物件所有者に対する責任は、法律上ますます入居者寄りになってきていますので、管理会社を通すことで賠償リスクを回避することができます（自主管理だと、「オーナー⇕入居者」との関係だけですが、管理委託業務をアウトソーシングすれば、「オーナー⇕管理会社⇕入居者」と直接オーナーへの責任が免れます)。

オーナー自身が管理を行う「自主管理」は、労力の多い割に経済的メリットは少ないため、個人的にはお勧めしていません。

特にサラリーマン大家さんのように本業がある方は、クレームやトラブルで時間を割かれるのは精神衛生上良くなく、本業にも支障をきたすかも知れません。

また、自動車保険では「当たり屋[注1]」の存在があるのはご存知でしょうか?

《注1》当たり屋とは、損害賠償金を得るために、故意に交通事故を起こす行為・またはその実行犯のことを示します。典型的な手口は、歩行者として車に近づき、自ら衝突してケガを負ったといって治療費や慰謝料を請求するものですが、その手口は様々です。共犯者が赤の他人を装って事故現場に近づき、おとなしく金銭を支払った方がいいと助言し、示談を促すような悪質な手口もあります。最近では、ドライブレコーダーの普及により以前に比べると随分減ってきているようです。

恐ろしいことに賃貸経営の世界でも「当たり屋」は存在します。彼らは賠償事故を起こす物件を選ぶ際に「家賃が安い物件」を探し、次に「自主管理かどうか?」を調べます。

そして入居して3ヶ月～半年後に……

- 突然、床が抜けて転倒した。病院に行くので治療費と交通費を出してくれ。
- 雨漏りで大事な家財道具が濡れて使えなくなった。全部新品に買い直してくれ。
- 階段の手摺りがいきなり崩れて、階段から転げ落ちて骨折した。仕事を休むので休業補償してくれ。
- 外壁の一部が剥がれ落ちてきて、車に傷が付いた。全塗装か買い直してくれ。

これらは全て実際にあったことです。

彼らは、物件の状態を隅々（内覧では部屋中）まで見て、「どんな賠償事故を起こすか」を考えます。これが自主管理だと、オーナーと入居者（当たり屋）で直接解決しなければなりません。

管理会社を通した入居審査・入居付・建物管理にすることで、そのリスクを回避出来るのです。ほとんどの管理会社は、こういった不測の事態に備えて顧問弁護士、又は弁護士のツテがありますので弁護士を通した解決策《注2》が施せます。

こういった観点からも、自主管理ではなく管理会社を介した方がお勧めです。

《注2》入居者の故意・過失を証明するには、相当の時間と労力を要します。仮に故意・過失など、弁護士を介して証明出来て賠償金を払わなくてよくなったとしても精神的に疲れ果て、相当な時間を奪われてしまいます。
また、「当たり屋」の情報は、各保険会社間で情報共有化されています。そういった行為を繰り返している入居者は、火災保険だけでなく生命保険や傷害保険でも同様の保険金請求を行っていることが多く、「名前と生年月日」で過去の請求履歴・保険金受取履歴が保険会社は判るようになっています。

選択する管理会社について、「どのような管理会社を選べば良いですか？」と尋ねられることが多いのですが、テレビCMなどを行っている会社・会社規模が大きい・支店数が多いという基準よりも、その地域（地元）に特化している・地域（地元）を絞った運営を行っている管理会社の方が、その地域の情報に精通しており、周辺の環境や三軒隣の物件情報までよく知っています。

住所ではなく、「建物名・物件名」だけで、その情報が分かることに感心させられます。

いわゆる「地域（地元）密着型」の管理会社の方が、物件罹災時の事故処理及び保険金請求手続きで迅速且つ協力的に対応してくれることが多く、弊社としても様々な処理がスムーズに完結できています。

第5条・・定期清掃費を削ると、とんでもない入居者がやってくる！

収益物件を所有すると、維持・管理に「変動費」と「固定費」がかかります。

- 「変動費」は、原状回復のリフォーム料や設備修繕費、建物修繕費など。
- 「固定費」は、清掃費などの毎月かかる建物管理費など。

「変動費」は退去や、ある一定年数が経過すると発生するものなので、事前に予測することが出来ません。

しかし、毎月掛かる費用（共有部などの定期清掃費、エレベーターメンテナンス費用、消防点検の費用、貯水槽清掃費用など）である管理費用の「固定費」は事前に知り得ることが出来ます（業者選択や回数選択など）。

よく物件の収益を上げる手法の一つとして、「固定費」のコストダウンに対するブログや記事を見かけますが、「変動費」を削るアドバイスはありません。

- 原状回復費用は、空室が埋まらなくなるので売上に直結してくる。
- 修繕費をケチると不動産価値が下がり、耐用年数が短くなる。

このように「変動費」は「賃貸経営上削ってはいけない費用」として扱われていますが、「固定費」については「削ってよい費用」としてアドバイスされていることが多いです。

- 複数社の見積もりを入手して金額交渉をする。
- 専属契約を打診して金額交渉をする。

この「固定費」を削減するというアドバイスは正直お勧めではありません。金額交渉も行き過ぎるとその依頼業者の品質低下を招く可能性がありますし、先述の「当たり屋」とリンクするような事故発生率が上がるからです。

特に、共用部はオーナーに管理義務が発生します。共益費・管理費を徴収しているのであれば清掃や共用設備の保全に充てるべきものです。

定期清掃費を削って、入居者から「汚い！」などのクレームがきた場合には、賃貸借契約上での「債務不履行」となってしまう場合もあります。

第6条・・自然災害や地震を補償する保険の「保険金請求申請代行業者」に気を付けよう！

大規模な震災や風災・水災に遭った地域には、「保険金請求申請代行」なる業者が出てきます。

- 「火災保険を使って、屋根を修理しませんか？」
- 「地震保険を請求して、地震保険金を受け取りませんか？」

実際にこういった業者も2種類あるようで、根拠がある見積もり（逸脱していない金額）で保険金請求を行ってくれるところと、保険金請求に対して支払われる保険金の何％かを手数料として請求するところです。

確かに契約者が高齢者であったり、加入していた代理店が廃業していたりする場合もあるので、修復に対するアドバイスが的確で、提出する修理見積もりも妥当性が認められる良心的な業者も存在しているのは事実です。

一概に全てが悪徳業者とは言えず、判断が難しいところですが、全国の消費生活センターや国民生活センターに寄せられている苦情によると、特徴としては、「保険金の範囲内で修理するから自己負担はない」など、「無料」を強調して飛び込み訪問や物件の登記簿をとって、物件所有者の住所を調べて自宅訪問にて勧誘していることです。業者のホームページを見れば「本業」として行っているかどうかが判ります。

キチンとした業者の場合、建物の被害と火災保険について詳しく解説していたり、建築業の許可証も持っています。そうでない業者の場合では、別の事業を営んでいることが多く、「火災保険請求代行」を片手間で行っていることが判断できます。

統一性がない様々な業務内容を記載していたり、ましてやホームページも持っていない業者は論外です。つまり、「本業」が儲かっていない・成り立っていないために「火災保険請求代行」を副業として行っているのです。

【主なトラブル事例】

- 契約時に契約書面に署名したが、控えをもらえなかった上、クーリングオフはできないと言われた
- 保険会社に詐欺罪で訴えられると困るので、請求を止めると言ったら、解約料として見積もり金額の30％を請求された

●工事はしなくていいので、見積もりだけ提出して保険金を請求しましょうと言われた
●支払われた保険金が見積もり額より少ないことを伝えたら、見積もり調査料を請求された
●代金として保険金全額を前払いしたのに工事が着工されない

その他、悪質な例では申請代行業者から「損傷は経年劣化によるものだが、保険会社から派遣された調査員には自然災害が原因という理由で申告するよう」勧められたケースもあります。

本来、保険金とは契約したオーナーが全てもらえるものであり、業者は修理代金（技術料及び工賃）で儲かるべきなので、請求に対する報酬（調査費用や請求代行料など）は支払う必要はありません。

これらの業者が蔓延するのも、担当者が付いていない・加入代理店が廃業した等の保険業界（生命保険・損害保険）の離職率の高さが原因という部分もあります。

契約した保険に、ちゃんと担当者が付いていれば、担当者に相談することで正規の手続きによって被害を未然に防ぐことが出来るのです。

第7条・悪質な自称「不動産コンサルタント」に警戒しよう！

今まで「不動産コンサルタント」と称される方々とお会いしてきましたが、ほとんどの方は知識も深く納得出来るだけのバックグラウンドをお持ちです。自ら不動産投資を行っており、且つ実績をあげている事実もあります。

しかしながら、中には自分たちの利益しか考えていない悪質な業者やコンサルタントも数多くいます。そういった業者やコンサルタントの手口は、ネットで検索すれば色々出てくるのでここでは割愛しますが、何故、ここで取り上げたかと言いますと、そういった業者・コンサルタントは「火災保険にまで手を出してくる」からです。

つまり、オーナーが加入している火災保険を悪用して、保険金までも奪おうとしているのです。「何かあった際の火災保険」ですが、実際に所有物件で自然災害や賠償事故が発生した際に、保険金請求アドバイス及び示談代行を買って出ます。そして、その際の修復費用（修理代）・賠償金額をかなり上乗せして保険会社へ請求するのです。

例えば、台風で屋根の一部が吹き飛んで修復費用（修理代）が30万円で済むところを200万円などで請求します。当然、保険会社は逸脱した金額は支払いません。そうなると差額170万円や一部の費用を調査料や業者手配料など色々な名目で請求したりするのです。

実際には、業者・コンサルタントの息がかかった修理業者を使いますので、外注⇩外注⇩外注と2重3重にも上乗せされた見積もりが作成されています。

そして保険金の支払先も、契約者であるオーナーではなく、そういった業者・コンサルタントの口座を指定してきます。《注1》

《注1》保険請求に対する保険金の支払先は、契約者であるオーナーでも修理業者へ直接支払うことでもどちらでも指定することが可能です。これは保険会社的には、迅速に保険金を支払う・もしくはオーナーが保険金受け取り後に業者へ再度送金手続きをしなければならないといった二度手間を省く計らいのためです。

オーナーとしては、「保険金が支払われて所有物件が元の状態に戻るならば良い」と考えがちですが、実際に保険金が支払われた額を知って驚くケースが多いのです。

実は、保険金を払った際に保険会社は契約者（オーナー）へ「いくら支払ったか」という支払通知を必ず送付します。

その時に初めてオーナーが支払通知を見て、この問題が発覚することが多いのです。保険金請求手続きや立会いは面倒ですが、事業として行っている以上、こうした保険金請求時に支払われる保険金等は必ず把握するようにしましょう。

ちなみに、「加入している代理店に知られない方が良いですよ」とアドバイスを受けて、インターネットで直接カスタマーセンターへメールでの連絡や、事故受付センターへ直接電話にて連絡しても、加入している代理店は「事故受付報告書」として連絡を受けるようになっています。

これは、情報漏洩ではなく加入代理店に「契約管理義務」があるので、必ず連絡されて保険会社と情報共有化される仕組みになっています。

実際の不動産投資自体は一人で行うものですが、同じ考えを共有している方の話や情報というのは、自分にとっても有益になりますので、個人的には色々なセミナーに参加することをお勧めしています。動くためのきっかけや具体的な知識や情報を学ぶことができる不動産投資セミナーは、情報を学ぶための重要なツールの一つであり、自己投資の一つでもあると思います。

また、セミナーの後に懇親会が開催される場合が多く、懇親会といったオープンな雰囲気では「仲間を作る」「主催者のことがわかる」「銀行の融資状況が聞ける」といった数々のメリットがあります。

●ブログやメルマガ、セミナーで発信している内容に共感できそうか？
●人として合いそうか、フィーリング感はどうか？

特にブログは、賃貸経営についての割合よりも、所有している高級外車や海外旅行先の写真などが多いものもあります。
こういったブログの場合、「クライアントを探す」目的で作られていることが多く、内容が下品に見えることがあります。

仲間と話すことや主催者から具体的な話を聞くことは、「悪質な業者やコンサルタントに騙されない知識や情報を身に付ける」という観点からも、不動産投資をする上で大きなメリットになることは間違いありません。

第8条・・修繕費は時限爆弾！

物件購入時に要する費用としては、不動産会社への仲介手数料・手付金・印紙、登記費用（登録免許税・司法書士手数料）、ローン手数料（金融機関）、固定資産税清算金、不動産取得税などが不動産価格の約8～10％程度必要となりますが、実際に運営を始めると、毎年の固定資産税や都市計画税、金融機関へのローン返済が発生します。

定期的に発生する費用は、物件の状態を維持するための共用部の清掃費用、エレベーターなどの附属設備の保守点検費用などといったメンテナンス費用ですが、不定期に発生してしまうのが「修繕費」です。

エアコンや給湯器等の故障による取り換え費用や共有部の電灯交換も「修繕費」になりますが、その中でも屋根上防水や外壁メンテナンスは費用が高額になることがあります。

建物の老朽化を放っておくと、RC造であれば外壁の経年劣化により、雨などがコンクリート内に浸入して鉄筋が錆びやすい環境となったり、木造であればシロアリなどの害虫が大量発生したりなど深刻な状況に陥る可能性があります。

【構造の違いによる外壁の傷み方】

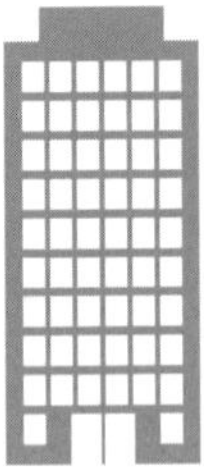

RC 構造

①鉄筋が錆びる
②錆びた鉄筋の体積が大きくなる
③コンクリートにひび割れなどが起こり、コンクリートと鉄筋の接着力が弱くなる
④コンクリートに亀裂や剥離ができ、落下が起こると共に強度不足になる

軽量鉄骨・重量鉄骨

①鉄骨が錆びる（体積が大きくなる）
②鉄骨と壁の間に隙間ができる
③ＡＬＣ板やモルタルに亀裂や隙間ができ、落下することも
④鉄骨の断面積の10％が錆びると強度不足に陥る

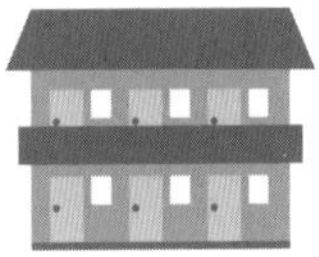

木造

①雨水が浸入
②床下に湿気が溜まり、木材が腐る
③シロアリが発生

【修繕時期と費用の目安】

修繕箇所	タイミング	費用目安
外壁塗装	15年	10,000～30,000円／㎡
屋根	10～15年	9,000円／㎡
バルコニー	10～15年	9,000円／㎡
給水ポンプ		1,500,000円
鉄部の錆防止	5年	4,000円／㎡
給湯機・エアコン	10年	機器代金＋工事費

修繕箇所	タイミング	費用目安
クロス	10年	1,000円／㎡
クッションフロア	退去時	2,500～3,500円／㎡
網戸	3年	3,000～4,000円／㎡
障子	退去時	3,000円（1帖）

このような状況になる前に予防的な修繕をすることが大切であり、費用面においても大規模修繕に掛かる費用よりも予防的な修繕の方が安く済むケースが多々あります。

誰もが少しでも出費を減らしていきたいと考えるのですが、修繕費を出し惜しんだり、「壊れてしまってから直していけばいいのではないか？」とこまめな修繕を怠ってしまうと、後々、大規模な修繕が必要になってしまうケースがあります。

細かい修繕をしておかないと、物件の見た目やイメージにも影響を及ぼしてしまい、空室が増えてしまう可能性があることに加え、入居者が付きづらくなってしまいます。建物の老朽化を予防する修繕は非常に重要です。

収益物件は、どの構造でも例外なく、大規模修繕工事が必ず必要になってきます。そんな将来的な大規模修繕を少しでも抑える、もしくは劣化スピードを遅らせるためにもこまめな修繕は必要です。

物件が老朽化していると、イメージの悪化に繋がることや、予想外の高額な大規模修繕に繋がる恐れがあるため、状態が酷くなる前に管理会社からの提案や入居者の声に耳を傾けて、なるべく早く対応することが結果的に安上がりで済むケースが多いのです。

《構造別における修繕費用のポイント》

- 構造によって修繕費は大きく異なる（数十万〜数千万円）
- 建物面積によって修繕費用が変わる
- 木造、軽量鉄骨造は修繕費が安くＲＣ造の修繕費は高い
- 木造や軽量鉄骨造の主な修繕箇所は屋根や外壁の防水加工
- ＲＣ造の修繕必要箇所は外壁、屋上のほかにエレベーターなどの附属設備も必要
- 修繕が必要になる頻度は10年〜15年に一度

火災保険という角度から見ても、「経年劣化」や「起こるべくして起こった故障・破損」は支払対象外です。

【RC造の修繕目安】

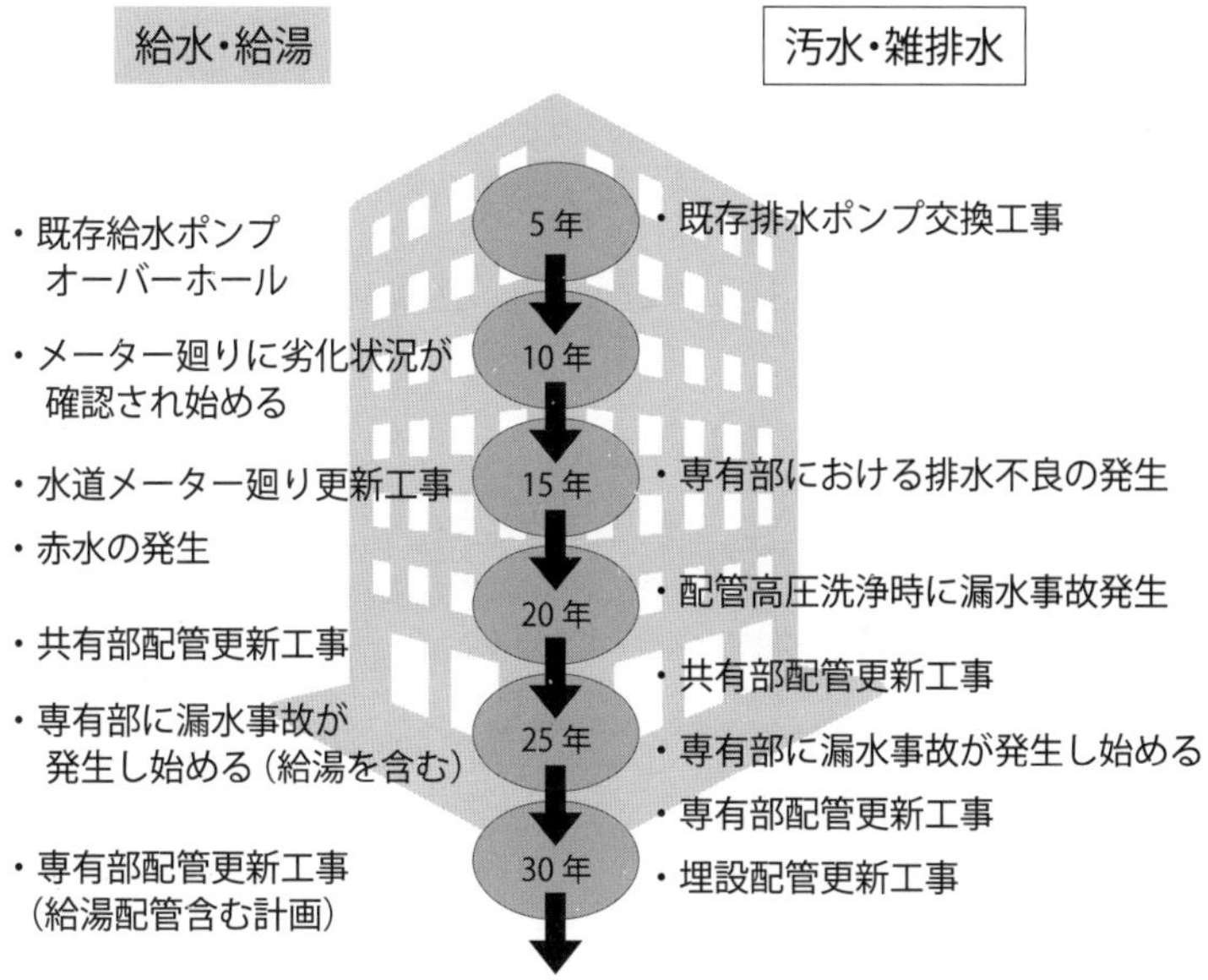
給水・給湯
汚水・雑排水
5年
10年
15年
20年
25年
30年
・既存給水ポンプ オーバーホール
・メーター廻りに劣化状況が 確認され始める
・水道メーター廻り更新工事
・赤水の発生
・共有部配管更新工事
・専有部に漏水事故が 発生し始める（給湯を含む）
・専有部配管更新工事 （給湯配管含む計画）
・既存排水ポンプ交換工事
・専有部における排水不良の発生
・配管高圧洗浄時に漏水事故発生
・共有部配管更新工事
・専有部に漏水事故が発生し始める
・専有部配管更新工事
・埋設配管更新工事

しかし、こまめなメンテ記録があれば保険会社に「交渉」する余地が出来るのです。
つまり、「これだけメンテしてきた物件なので、今回は事故に該当する」と言えるのです。
これは物件購入時のチェック項目としても見ることができます。購入予定の物件の健康状態（メンテ記録や修繕履歴）を確認することにより、今後の修繕計画や時期が予想できるようになります。

また、事故時の保険会社への交渉材料だけでなく「定期メンテナンスは欠かさず行う」、「そのメンテナンスの記録を残す」ことは売却の出口戦略にも有効になります。

【例】中古車を買う際に、同じ車種で「乗りっぱなしにされてきた車」と「ディーラーでこまめにメンテナンスされてきた車」の違いが販売価格の違いとして反映されるのと同じ理屈になります。

火災保険の契約手続き面談時において、物件選びは慎重でも「修繕費」に関して、あまり深く着目していないように感じることが多々あります。

同じ車種・同じグレード・同じカラーでも
走行距離やメンテナンス履歴等で価格が異なります。

これは、不動産投資を「放置型の投資法」と考えているオーナーが多いのが原因ではないでしょうか。

- 他の事業のように人を雇う必要が無い
- 初心者でも実際の運営は管理会社が行うケースが多いので、専門知識が必ず必要という訳では無い
- 一括借上げの場合は、管理会社がオーナーに代わって貸主となり、一切の管理・運営を代行するため、管理業務に煩わされず経営できる

このように、アパート経営・賃貸経営という事業が宣伝広告されているためかもしれません。確かに「運営」自体は、管理会社に任せることが出来ますが、臨時に発生する費用である「修繕」については、オーナー自身がどこまで支出するかの判断をしなければなりません。

予期せぬ自然災害や突発的な事故などは、ある程度「火災保険」でリカバリーは可能ですが、「修繕」と「修理」[注1]に該当するものは、「火災保険」ではリカバリーが出来ません。

《注1》修繕とは、屋根や外壁を塗装・交換するなど「モノの見た目」を直す場合を示し、修理とは、エアコンや給湯器の一部の部品交換などをして「モノの機能」を直す場合を示します。

これらは、利回りやシミュレーション上で、目に見える形で現れるものでもなく、臨時的・突発的に発生するものなので、将来の修繕を見据えて賃料収入の一部を積み立てておくことなどあらかじめ織り込んでおくことが必要です。《注2》

《注2》家賃が安いセグメントでの賃貸事業が運営目的のケースにおいては、この場限りではありません。

第9条・不動産税務に特化した税理士を選ぼう！

よく「不動産投資は税金との戦い」などと言われていますが、オーナー自身、多少の税金の知識は必要です。実際に物件を持つと、日々の経費の記帳から年度末の確定申告まで、会計面の事務処理は常に必要になってきます。

物件所有が1棟のみであったり、区分所有を数戸、または物件が個人名義取得であれば、経費の記帳や確定申告のみになり、会計や簿記の知識があれば自分自身で行うことも出来ます。

- 本業が忙しく税務にかける時間が惜しい
- 不動産投資以外に事業があり損益の通算をしたい
- 青色申告をしたい
- 不動産投資の規模を今後拡大していこうと考えている
- 節税できる可能性が高く、制度を最大限活用したい
- 相続対策が必要である
- 銀行の融資審査を有利にしたい

このような考えであれば、顧問税理士を雇うことも検討すべきでしょう。税理士とは、企業や個人の税務を担当する税金の専門家です。税理士の資格は国家資格で、この資格がないと仕事として税務顧問などに就くことはできません。不動産投資は不動産という資産を活用した事業なので、その収益にはさまざまな形で税金が関わってきますので、税金面で「損をしない」ために税務のアドバイスをするという頼もしい存在です。

確定申告・相続対策・節税・消費税還付などの税理士が活躍するシーンは多々あります。

特に物件購入時の入口で、減価償却にまつわる土地価額・建物価額・設備価額に対する割合の初期設定などを間違えると取り返しのつかない損失に繋がることもあります。《注1》

《注1》減価償却費に目がくらみ、通常よりも異常に高い割合を建物に割り当てたりすると、「不当に課税を逃れている」として税務署に否認され追徴課税の恐れがあります。

私自身が経験したことですが、一口に税理士と言っても、それぞれ得意分野が異なるようです。これまでに、どんな業種を専ら担当してきたのか（製造業の税務に詳しい、物品販売業の税務に詳しいなど）という傾向や、節税に強い税理士・相続対策に強い税理士・金融機関からの借り入れに強い税理士など、これまでの経験や税理士本人の関心によって異なるため、「不動産投資に強い税理士」を味方につける必要があります。

現在起用している税理士と税務処理法や顧問料などで、トラブルになっている話もよく聞きます。収益物件における保険金受け取り時の税務処理法は間違うと大変なので「不動産投資に強い税理士」をお勧めします。

《お勧めポイント》

- 不動産投資に特化していること
- 記帳まで丸投げできること
- クライアントの要望があれば毎月訪問・相談してくれること
- 自宅や会社から近いこと
- レスポンスが早いこと
- 積極的なアドバイスや提案があること

頼りになる税理士を探す方法は「オーナー仲間からの紹介」が1番だと思います。実際に顧問契約しているオーナーの紹介で、依頼をしている税理士に不満を持っていないのであれば、その税理士の仕事ぶりに満足していることになります。

もしくは、「不動産投資　専門　税理士」や「不動産投資　節税　税務」などのキーワードで検索して、ヒットした中から探すという手もありますが、やはり紹介してもらうのが無難な方法ではないでしょうか。

また、税理士と同じく「弁護士」も得意分野と不得意分野があるようです。交通事故が専門であったり、離婚・親子問題や債務整理（借金）問題、犯罪・刑事事件に詳しいなど事案ごとに各々専門分野及び専門部署を設けているようです。

未払賃料の回収・建物明渡・物件購入時の不動産業者とのトラブル、不動産を所有する方向けの債務整理など、不動産に関連した分野が得意な弁護士とのコネクションも賃貸経営には必要だと思われます。

税理士・弁護士、そして司法書士・行政書士についても資産規模が大きくなってくると、財産管理や相続対策が難航する可能性があるので、その分野でもコネクションが必要になってきます。

- 相続する側としては、管理の手間やコストが負担になるため、不動産をそのまま相続することは望まず、相続前に売却してほしい
- 万一のことが起こる前に、自分の資産の管理・処分方法を決めておきたい
- 元気な内に打てる手を打っておきたい

「財産を守り、保全する」ことが前提の成年後見人制度や「信頼できる家族に財産管理を託す」家族信託制度など、相続に関することも視野に入れて、各分野のスペシャリストとの連携が望ましいと言えます。

※不動産登記手続きや資産管理会社設立後の役員変更、商号変更、本店の移転など、登記が必要になるものは法務局が絡むため、司法書士しか扱えませんが、相続の場合は、相続人の調査や遺言書の作成は行政書士、司法書士ともに可能です。

不動産売買の契約書チェック、賃貸契約の交渉チェック、賃料の回収、立ち退きトラブル、相続トラブル、施設内での賠償トラブル、事業承継、債権回収……等。

このように賃貸経営事業には、様々な法的トラブルに見舞われるリスクが潜在しています。

また、不動産投資を始めるにも「個人スタート」が良いのか、「法人設立してからのスタート・個人から法人化へのタイミングも含む」など、「士業の方々とのコネクション構築」は非常に重要です。クライアントの「資産背景」や「属性」、「投資目的」を理解した上での的確なアドバイスを得ることが出来るようになります。

但し、その分野のスペシャリストである「士業の方々とのコネクション構築」には、自分で一から探し出すよりも、理解者からの紹介が格段にスピードは早くなります。これは金融機関の融資付でも同じことが言えて「誰からの紹介か?」というのは、不動産投資には必要なファクターです。

今回、別枠にてその分野のスペシャリストである士業の方々にご登場頂き、対談形式でご紹介しておりますので、是非ご参照下さい。

第10条・・物件所有名義が法人であれば、火災保険契約者名義も法人に！

一見、当たり前のようですが担当した代理店が火災保険に詳しくない場合、物件所有名義が「個人の資産管理会社」なのに、火災保険契約者名義が「個人」になっているケースを見受けます。《注1》

《注1》火災保険に詳しくない保険代理店の担当者によっては「資産管理会社」の目的・存在意義を知らない方も居ます。なお、契約者が個人名義でも被保険者欄が法人で記載されていれば問題ありません。

これのどこが問題かと言えば、物件が自然災害などの事故であれば何の問題もなく保険金は支払われますが、賠償事故の場合は「法律上、誰が賠償義務を負っているのか？」で保険金が支払われないケースもあるので注意が必要です。

また、これと似た問題で収益物件の火災保険に「個人賠償」を付帯しているケースもありました。

これも担当した代理店が火災保険に詳しくない場合に起こる問題ですが、賃貸用としての火災保険の賠償特約は、物件所有名義が「法人であれ個人であれ施設賠償・建物賠償」でなければいけません。

同じ賠償でも、賃貸経営は事業とみなされるので「個人賠償」には該当せず、「施設賠償・建物賠償」といった事業用の賠償《注2》に加入しなければならないのです。

《注2》実際に事故発生時には、保険会社は登記簿を入手し、登記簿上の所有者・構造・㎡数など契約が間違っていないかを調べます。

法人名義取得の収益物件に対する火災保険の加入問題点として、「保険料が安いから」という理由で共済《注3》に加入していて保険金が支払われなかったという相談を受けたことがあります。

《注3》生命保険・損害保険と似たような制度に「共済」があります。火災保険と火災共済を比較した場合、どちらも住宅を補償対象にするという点では同じです。
ただ、根拠になる法律、契約の性質や補償のされ方など、様々な違いがあります。
契約の対象者としては、火災保険は民間企業である保険会社が「不特定多数」を対象に提供しています。それに対して、共済の運営母体である非営利団体は、公務員など特定の職業や特定の地域、組合員など〝限定された組合員〟を対象に提供しています。

その内容は……

「現在、区分所有しているマンション一室で、下の階へ水漏れ事故を起こしてしまい、下の入居者から賠償を求められています。そのために共済にて火災保険に加入していたのですが、共済側から保険金は出せないと言われて困っています。何故、保険金は出ないのですか⁉」

との事でした。

実は、民間の保険会社と違い、非営利団体である共済は〝登記簿上の所有者が法人の場合〟は無効となります。営利目的ではない共済事業の場合、「自身が住んでいる、または勤務している地域での加入」が条件であって個人の財産を守るためのものであり、「法人は対象外」なのです。

通常、下の階への水漏れ事故などは「個人賠償特約」から支払われますが、法人は個人ではないので、この特約からは支払うことが出来ません。それが今回の保険金が支払われない理由です。

「保険料が安い」という理由で、〝登記簿上の物件所有者が法人〟でありながら個人賠償を付帯しても意味がないので気を付けましょう。

第11条・「保険」とは、補償が切れた時に限って「何か」が起きやすい！

色々忙しくて保険の満期手続きが出来なかった場合や、引渡し及び融資実行まで何かとバタバタしていて火災保険の加入手続きを後回しにしてしまい、数日間空いた時に限って、台風や地震などの自然災害や賠償事故が発生してしまった、という実例を嫌というほど見てきました。

弊社では、売却や事情あっての解約以外は「更新手続き」を満期日までに必ず行っていますが、融資条件や知人代理店に加入を頼まれたなど、他社で仕方なく加入していて満期日（補償が途切れた後）を過ぎた後の事故について、「何とかならないか」とアドバイスを求められることがありますが、保険が切れていればどうしようもありません。火災保険に限らず、どの保険もそうですが「保険」とは過去に遡って、契約した形にすることも出来ません。

購入した家電（特にパソコン）など「保証期間を過ぎたら壊れてしまった……」とか自動車保険で車両保険を外したら「車をブツけてしまった……」、生命保険・傷害保険を解約した途端に「ケガをして入院をしてしまった……」など経験無いでしょうか？

これと似たような現象で「補償を省いた部分に限って保険事故が起こる」というのもあります。これらは何の科学的根拠もないのですが、どちらも現場で得た教訓なので、《注1》弊社では補償切れを起こさないよう、保険開始日・保険満期日には細心の注意を払っています。

《注1》あくまでも現場で得た経験であり、「保険は満期日迄に更新手続きしましょう」、「保険は引渡し日・入居開始日までに手続きを済ませましょう」ということをお伝えしたく記事としました。

第12条・・金融機関の融資担当者が必ずしも、収益物件運営に詳しいとは限らない！

所有したい物件を見つけたり、土地から探してプロジェクトを立ち上げる際に企画書や事業計画書等を金融機関に持ち込み、融資を打診する訳ですが、「金融機関の融資担当者は、不動産投資の事について色々詳しいだろう」と考えてしまいますが……実はそれは大きな間違いです。

収益物件の不動産関係を多く取り扱った経験がある担当者であれば問題なく話は進みますが、同じ不動産でも「住宅ローン」しか取り扱ったことがない担当者もいます。

その中で、担当者が不動産投資についてよく知っていると思い込んで、業界用語を並べ立てた不動産投資の内容を一方的に話しても、先方は理解してくれません。

ましてや収益物件の不動産案件に対して、物件の個別性や地域の特殊性は一切考慮せず、独自のフォーマットによるシミュレーションを入力し、規定の数字に収まるか収まらないかだけを融資基準にしている金融機関が多い気がします。

基本的に金融機関は「金融のスペシャリスト」であって、「不動産投資のプロ」ではありません。そしてまた「保険のプロ」でもありません。

今でこそ少なくなった「質権設定」については、金融機関担当者が「質権設定」の手順を知らないケースが多々ありました。もしくは、加入手続きが全て完了した後で「やはり質権設定が必要です」と改めて加入手続きをやり直すケースもありました。

住宅金融公庫《注1》が存在した時代には、必ず「質権設定」がされていましたが、それが廃止された後に入社した若い行員さん達が手順を知らないのも仕方がないことかもしれません。

また、無事に融資が通った際に金融機関融資担当者より、収益物件の火災保険やオーナーへ生命保険を提案してくることがあります。「融資を通してくれた金融機関で火災保険は加入しなければならないのですか？」とお問い合わせを受けますが、基本的に加入義務はありません。逆に銀行の融資権限を背景に行われる保険の「圧力募集《注2》」は禁止されている行為になります。

《注1》住宅金融公庫とは、かつて存在した国土交通省（旧建設省）・財務省所管の特殊法人・政策金融機関でしたが、2007年3月31日に廃止され、4月1日より独立行政法人住宅金融支援機構に業務が引き継がれました。

《注2》圧力募集・損害保険商品は、参入規制の緩和により、銀行や郵便局でも販売されています。但し、銀行などが代理店となって募集を積極的に行うと、優越的地位を利用した圧力募集（融資をしている立場を利用し、保険商品の購入を迫る）など種々の弊害が生じる恐れがあるため、銀行などによる損害保険商品の販売においては、次のような規制があります。

1．銀行員が、職務上知り得た顧客の預金や資金の借入れなどに関する情報を利用して募集を行う場合は、事前に当該情報の利用について、契約者の同意を得なければ保険の販売ができない。

2．銀行などは、公正な保険販売を確保するための指針を策定し公表する。

3．融資先の法人や個人事業主を契約者または被保険者とする一定の保険商品については、当該保険商品の販売にあたって手数料などの報酬を得ることができない。

（日本損害保険協会Ⅲ　損害保険の募集形態についてより引用）

初めての物件購入で「保険加入」も実績作りのため必要な戦略ではありますが、融資要件以上のプランや保険料で加入する必要がないのも事実です。金融機関（銀行業界）は、保険業界よりも顧客の財務データを簡単に手に入れることができます。

その優越的地位の濫用が「保険の圧力募集」ということを是非覚えておいて下さい。

第13条・物件選定の際には「建築士」に鑑定してもらおう！

不動産投資及び賃貸経営事業には、「士業の方々との連携《注1》」をお勧めしておりますが、「建築士《注2》」もその一つです。

《注1》弁護士、司法書士、土地家屋調査士、税理士、弁理士、社会保険労務士、行政書士、海事代理士、公認会計士、不動産鑑定士、中小企業診断士、ファイナンシャル・プランニング技能士、マンション管理士など、「士」と呼ばれる様々な専門性の高い国家資格の俗称を示します。

《注2》建築士には〝一級建築士〟と〝二級建築士〟があります。〝一級建築士〟の特徴は、「設計する建物に制限がない」ことです。例えば戸建住宅のように、比較的小規模な建築物を設計できる一方で、オリンピック競技施設など国を代表する大規模な建築物の設計も行うことができます。〝一級建築士〟は国土交通大臣からの認可を受ける国家資格であり、規模・構造形式・構造材料共に「何でも」設計可能な点が大きな特徴です。

〝二級建築士〟とは、〝一級建築士〟に比べて設計できる建物の規模と構造に制限がありま す。木造建築物の設計なら3階建てまでが基本であり、建物高さ13ｍ、軒高9ｍを超える建物は設計出来ません。また、建築物の延べ面積も制限を受け、1,000㎡以上の建築物設計は認められていません。

【法規】
建ぺい率・採光・増築・界壁・ロフト・廊下幅員・敷地内通路・共有階段・但し書き道路への接道・用途変更など。

【構造】
不整形な建物・地下室付き建物・傾き・シロアリ・軒の出・新耐震基準（旧耐震基準）・窓の位置・擁壁・笠木・外壁タイル・屋上・屋根形状など。

【設備】
自動火災報知器・換気扇・連結送水管・貯水槽・ポンプ・浄化槽・避難ハッチ・エレベーター・オートロック・水道メーター・飲用井戸・電気温水器・エアコン・トイレ・バランス釜・ユニットバス・屋内配管（給水・給湯・排水）・野外配管・太陽光パネルなど。

【その他】

植栽・鳩被害・内装床材・室内建具など。

木造・鉄骨造・RC造など、いずれの構造の建物を購入する場合でも、これらを色々な角度で判定・分析をするのは、やはり素人では限界があると思います。収益物件は数百万円〜数千万円、億越物件と幅広くあります。その中で、物件規模が大きくなればなるほど建築士による鑑定の必要性は大きく増すと言えます。

例えば、数千万円の宝石を購入する時、鑑定証無しで買うでしょうか？

物件の規模にもよりますが、物件鑑定の費用の相場は10〜50万円のようです。数百万円の物件であれば費用対効果は少ないのですが、数千万円〜億越物件であれば将来の損失を防ぐ効果として費用対効果は高いと言えます。

特に中古物件で、購入後でどうにもできない物件や購入前に分かっていたら何とかなった物件など、そのような後悔をしないためにも不安材料が少しでもあれば、収益物件の鑑定《注3》が得意な建築士に相談するのも、不動産投資に必要な作業ではないでしょうか。

《注3》ここでは一般的な不動産鑑定士による経済価値（担保評価含む）の判定ではなく、建築士という建物のプロ目線での評価・鑑定を意味します。

第14条・・保険会社の調査能力を甘くみてはいけない!

一般的な事故に関する鑑定及び調査は保険会社が行いますが、複雑な事案や高額な事案の場合、客観的な立場から検証を求め、保険会社は第三者機関へ調査依頼をするケースがあります。その場合、事実関係の検証が最も重要な点であり、事案解決へと導くには情報収集能力と機動力といった専門的分析が求められるため、その分野の「調査のプロ」に依頼します。

例えば、事故現場の再現実験や請求事態の整合性も含めた調査では、広い分野での専門的知識が必要で、「モラルリスク」についての調査に関しては、経験と事案全体の先読みを総合構築した手法でないと結果が出ない為、より専門性の高い調査が必要になります。

特にモラルリスクに関しては、過去の調査事例において行動思考パターンを分析したデータや結果により調査を実施する為、高い判明結果が得られています。

最終的に、司法資料として提出できる報告書のレベルまで仕上がって、保険会社へ調査会社より提出されます。事故発生日までの契約者（個人名義）及び契約代表者（法人名義）の行動、個人であれば家計状況（借入状態）、法人であれば経営状況（累積赤字による経営破綻の状態など）、過去の火災保険金取得の事実（過去に3回保険金の支払を受け、うち1回は保険契約において虚偽の申告をしていたなど）を総合的に判断されます。

自然災害（台風や水災・地震）は意図して出来ませんが、汚破損事故や火事（放火）は悪意[注1]によって意図して事故を引き起こすことが可能です。

実際に現場で「ここまで判るものなのか」と驚かされた経験が度々ありましたが、事故原因の特定に「契約者の悪意が存在していたかどうか」、「故意に招致された人為的なものかどうか」を保険会社自体、そして第三者機関を活用して色々な角度で分析・精査する術を持っていることを是非覚えておいて下さい。

《注1》悪意とは「故意」の意味で、結果の発生を認識し認容することです。
故意の認定には「重過失」かどうかが判断基準となり、判例での「重過失」の定義とは「ほんの少し注意さえすれば、誰でも容易に有害な結果が生ずることを予見することができるはずで、大事に至ることはたやすく回避することができたはずであるのに、こうした注意すら怠るというようなほとんど故意に近い不注意」とされています。
例えば、引火しやすいモノの側で火を使うとか、油を火にかけたまま放置するなど火事になる危険が特に大きく、常識からいっても当然払うべきちょっとした注意すら怠ったような場合を示します。

第15条・・所有物件の「入居者用保険の加入状況」は必ず把握しておこう！

入居時の賃貸借契約時に、入居者へ家財保険加入（入居者用保険）を義務付けていることが一般的ですが、必ずしも不動産会社が提示する保険会社やプランに加入しなければならない訳ではありません。

賃貸借契約書の中でも次のように記載されていることが多いです。

〈火災保険の加入について〉

1項　乙は、本物件の契約期間中、自己の費用負担において甲が承認する火災保険（借地建物修理費用担保特約・借家人賠償責任危険担保特約・個人賠償責任危険担保特約がそれぞれ担保されたものをいう）に加入しなければならないものとする。

なお、乙は、甲の提供する火災保険に加入した場合を除き、甲に交付するものとする。

2項　乙は、本物件の契約期間中、第1項の火災保険に継続して加入しなければならないものとする。
なお、乙は、甲の提供する火災保険に加入した場合を除き、更新のたびに、火災保険の保険証書の写しを甲に交付するものとする。

そのため、希に「自分で手配します」「知り合いから加入します」等の理由で、不動産会社から加入しない入居者もいますが、入居時は加入証明や証券コピーを提出しないと、鍵の引渡しを行わないので、最初の2年間《注1》は問題ありません。

しかし、2年後の満期時に更新されていないケースが多く、トラブルが多発しています。

《注1》賃貸借契約の更新期間が「2年に1度」が一般的なので、それに合わせて入居者用保険も2年更新になっています（2年毎にしなければならないという法律はありません）。

そもそも入居者用保険は、入居者の財産（家財）に対する補償を目的とし、併せてオーナーや隣人・階下の入居者への賠償責任を補償するなど、賃貸住宅の入居者向けに作られた保険《注2》です。

《注2》 入居者用保険については、p69、p198でも解説しています。

入居者の過失により借用戸室を焼失させたり、水漏れ事故を起こして階下入居者の家財に損害を与えた場合、多額の賠償金を負担しなければなりません。

しかし、現状では入居者にとっては、「単なる義務」といった負担増にしか捉えておらず、加入意義である「入居者（自分自身）を保護するため」のものと理解されていないことが多いのです。

【事故例1】 入居者が洗面台にドライヤーを落としてしまい、洗面台の一部を破損させてしまった。

入居者用保険に未加入だったので、入居者負担にて洗面台修理費用を支払わなければならない旨を管理会社が伝えると、「最初から壊れていた」「入居者用保険の満期案内を受けていない」と自分には非がないと反抗的な態度をとられた……

【事故例2】 入居者が調理中、油をこぼして周りに引火してしまい、台所の一部を焦がしてしまった。

入居用保険に未加入だったので、入居者負担にて壁紙修復費用・消臭及び清掃費用を支払わなければならない旨を管理会社が伝えると、「高額なので支払えない」と逆ギレされた……

結局、どちらの事故も弁護士を通じての内容証明郵便にて解決しましたが、入居者が保険未加入で賠償事故を起こした場合は、入居者もしくは保証人へ賠償請求を起こせますが、裁判（裁判費用・弁護士費用の発生）になったり、長期化した時は「時間と労力」を奪われてしまい、賃貸経営に余計なストレスを抱えることになります。

所有物件の入居用保険加入状況は、入退去の都度必ず把握しておくようにしましょう。

《注2》他人の所有物とみなされる物件
・差し押さえを受けた物件
・担保になっている物件
・競売にかけられている物件
・人に貸している賃貸物件
・火災保険に加入している物件

火災発生時には、消防だけでなく必ず警察も連動して駆けつけるようになっています。火災における警察の職務は、現場交通整理・現場広報・避難誘導活動等ですが、最も大事なことは「捜査」です。

警察は直接の消火活動には従事しないものの、「事件」として捜査を始めますので火災発生現場は警察がある意味主体と言えます。

一般的に消防は火事の現象面を鎮圧することでその任務を終えた後は、行政機関としての調査権を持って出火等の原因調査をします。

一方、警察は司法機関としての捜査権に基づき、同様な原因の捜査をします。

火災というのは、何らかの原因があります。自然災害以外による火災は、基本的に「人の関与」があります。

これはグラフが示す通り、出火原因が「放火・放火の疑い・不明・調査中」が6割を越している事実があるので、まずは所有者、そして第一発見者などが最初の捜査対象となってしまうのです……。

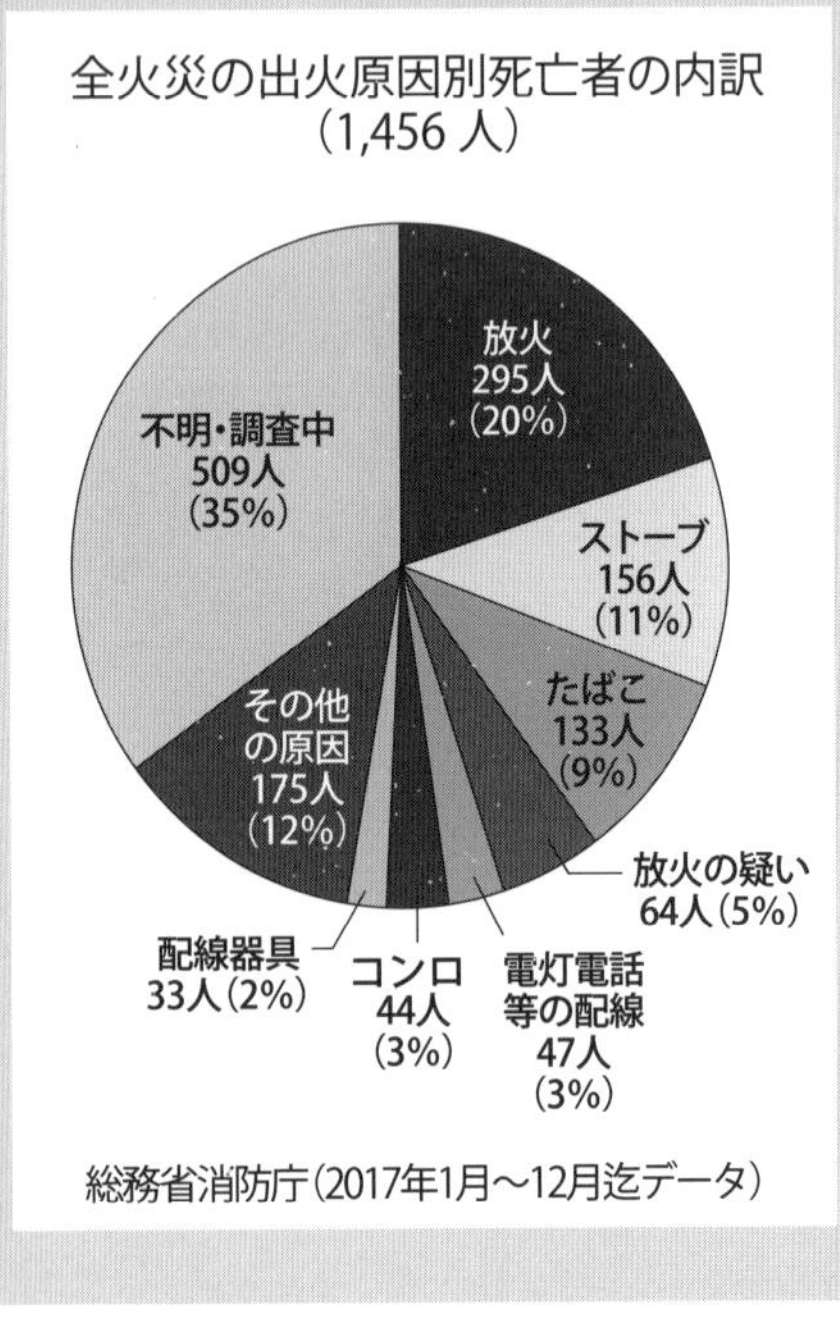

総務省消防庁(2017年1月～12月迄データ)

3 column

火事の出火原因である第１位は「放火」という事実

テレビや新聞等で日頃から耳にする火災に関するニュースですが、その原因として最も多いのは「何か」ご存じでしょうか？

右下のグラフが示す通り、出火原因の第 1 位 は「放火」です。

これは 20 年連続 1 位だそうです[注1]。

《注1》順位については地域差もありますが、今回のデータは全国平均によるものです。

ストーブやたばこが原因の火事であれば、使用者の不注意・火の不始末による事故となりますが、「放火」となると意図的に起こされた、つまり犯罪による火災ということになります。

しかも、この他に「放火の疑い」「不明・調査中」まで含めると約 6 割ほどの出火原因となります。

放火に関する刑法では、「人のいる建物」へ放火した場合、「現住建造物等放火罪」となり放火罪の中で最も重い罪になります。

人が居住・使用している、建物・電車・新幹線・艦船・鉱坑へ放火した場合に適用され、殺人罪と同じ法定刑である死刑または無期もしくは 5 年以上の懲役が科されます（刑法 第 108 条）。

また、「人のいない建物」に放火した場合は「非現住建造物等放火罪」に問われることになります（刑法第 109 条）。 2 年以上の有期懲役、懲役の上限は 20 年なので、 2 年以上 20 年以下の懲役が科されます。

これもまたニュースでよく聞くことですが、火災保険の保険金目当てが目的で、人がいない状態で自宅（その他自己所有物件など）に放火した場合は、「非現住建造物等放火罪」に該当します（刑法第 115 条）。

また、自己所有の建物であっても次のような場合は「他人の所有物[注2]」とみなされ、公共の危険の有無にかかわらず「非現住建造物等放火罪」に該当することになります。

4

火災保険のQ＆A

これまで〝購入した〟もしくは〝購入予定〟の収益物件に「火災保険が何故必要なのか？」、そして「どういった時に補償されるのか？」、また、「地震保険の適用範囲」についてご理解いただけたと思います。

この章では、実際にオーナーよりお問い合わせが多いQ＆Aをご紹介します（お問い合わせ内容は、大体パターン化されています）。

【Q1】物件購入から数年後に罹災した場合、受け取る保険金は年数が経過した分、減額されたりするのでしょうか？

Ⓐ：減額されるというよりも、加入方法によって異なる場合があります。

火災保険の加入方法は、「新価（再調達価額）」と「時価」の2通りがあります。

- 「新価（再調達価額）」：同等のものを再築・再購入するのに必要な金額のこと
- 「時価額」：「経過年数による価値の減少と使用による消耗分」を差し引いた金額のこと

新築時、建物5，000万円で「新価（再調達価額）」にて契約していた場合、仮に8年後に全焼して建物が消失しても、保険金はキチンと5，000万円支払われます。

しかし、「時価額」で契約した場合は、建物の経過年数と共に価値が下がるので、8年後は約3，800万円しか受け取れず、再建築が出来なくなります。

したがって、「新価（再調達価額）」での契約であれば、年数が経過しても罹災時に保険金が減らされることはありません（実損害額にて保険金は支払われます）。

以前は「時価額」での契約がほとんどでしたが、火災保険の補償内容の進化と共に現在販売されている各保険会社の商品は、「新価・再調達価額」となっていますのであまり心配する必要はありませんが、15~20年前に契約したものは注意が必要です。

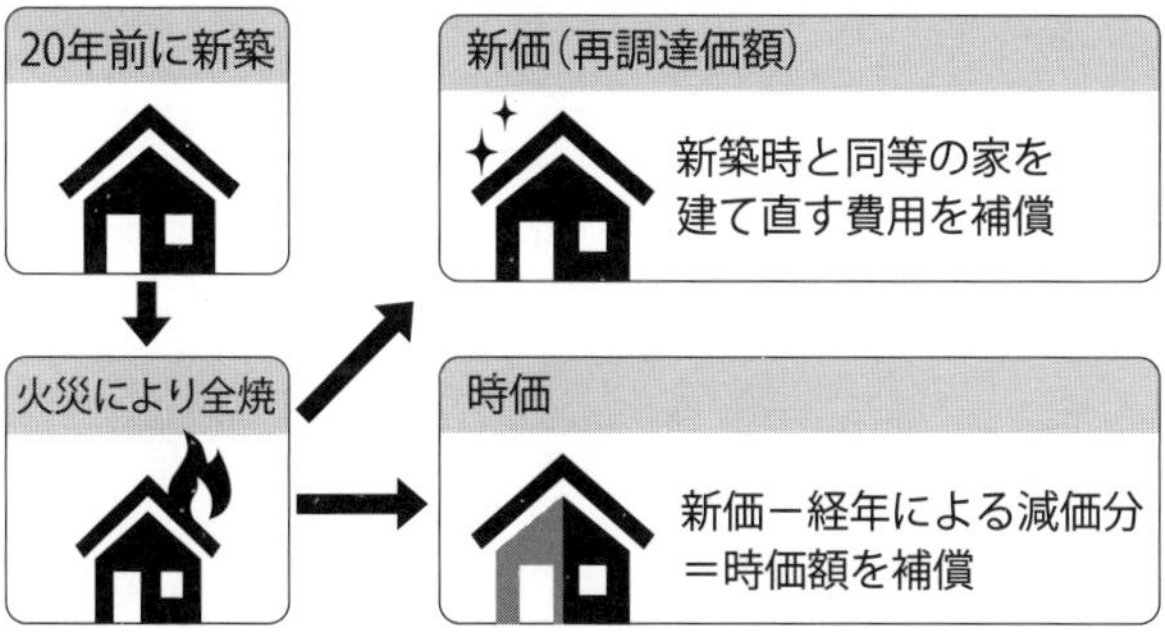

【Q2】保険期間中に何度も保険請求した場合、次回の更新で保険料は大幅にUPするのでしょうか？

A：火災保険を使用したことによる保険料増はありません。

「保険を使うと保険料が上がる」というイメージは、ほとんどの方が自動車保険の等級制度[注1]からきているようです。

《注1》交通事故の際、保険を使用すると被保険者の等級が下がり、保険料が値上げされる制度のことです。

火災保険に等級制度は存在しないので被害を受ければ何度でも申請を行うことが可能です。

つまり、火災保険は何度申請しても保険料が上がることはないのです。更新時に前回よりも保険料が値上げされて案内されるのは、保険を使ったからではなく単純にその時の火災保険料率[注2]によって異なるためなのです。

《注2》建物の構造などが異なると、火災が起きたときの燃え広がり方に差が生じるなど、被害の程度や壊れやすさのリスクが異なります。
また、台風や豪雪等の自然災害が発生する頻度や被害の程度などは、地域により異なります。

このようなことから、火災保険では、建物の構造や所在地などによるリスクの差異に応じた区分を設けており、建物や地域によって保険料率が異なります。

自然災害については、その発生は年度ごとの変動が大きく、大規模な自然災害については発生頻度が何十年、何百年に一度となるものがあります。

このため、将来の自然災害による損害額を予測し、適切な保険料を算出するには、これまでに観測、蓄積されたデータ量では必ずしも十分とは言えません。このようなことから、自然災害についてはシミュレーションを利用し、保険料を算出します。

その後、金融庁長官に算出した火災保険参考純率の届出を行い、参考純率が「保険料率の3つの原則《注3》」に適合していることについて審査を受けます。会員保険会社は、「保険料率の3つの原則」に適合している旨の通知のあった参考純率を使用することができます。

《注3》損害保険料率算出団体に関する法律第8条に、「保険料率の3つの原則」とは、「①合理的かつ②妥当なものでなければならず、また③不当に差別的なものであってはならない」と規定されています。

参考純率は、算出した時点では適正であっても社会環境の変化などによりリスクの実態が変化するため、いつまでも適正な水準であるとは限りません。

そのため、参考純率が適正な水準であるか否かについて、毎年度チェックをしており（検証）、この検証の結果、改定の必要があれば参考純率の改定（保険料改訂）の届出を行います。

【Q3】保険会社によって、A社が保険金をよく支払ってくれる、B社は保険金を出し渋る、C社は必ず調査が入る……など聞きますが本当でしょうか？

Ⓐ：それは絶対にありません。

実は「保険金を支払ってくれた」「保険金を支払ってくれなかった」というのは加入した契約内容の問題です。必要な特約を外していたため・免責金額を設定していたため・一部保険で加入していたために満額保険金が受け取れなかったという状況になるのです。損害保険各社は、金融庁の監視下の元で保険金の簡易・迅速な支払いに努めています。

金融庁は、保険会社向けの総合的な監督指針を発表し、法令や業務上の諸規則等を厳格に遵守し、健全かつ適切な業務運営に努めることを指導しています。

また、保険会社及び保険募集人に対して、保険契約者等の利益を害することがないよう、適正な保険募集管理態勢をチェックしています。そのような厳しい管理下の体制なので、保険会社の規模や受け付けた各保険会社の事故処理センターによって対応が変わることはありません。

あくまでも約款に沿って、その事案が「有責」なのか「無責」なのかをジャッジメント《注1》しているのです。

《注1》契約担保内容及び契約約款規定により、保険会社が支払う責任があるものを「有責」、支払う責任がないものを「無責」といいます。

最近の損保各社は、保険金支払いのスピードを更に上げるべく、大規模自然災害に備えた体制整備や社員教育、飛行ロボット（ドローン）などを活用した損害調査、ソフトウェアロボットによる業務自動化、スマートフォンやタブレット端末から直接損害現場の映像をセンターへ転送して、その場で請求書類の作成など事故受付から保険金支払いまでの時間短縮スキームを開発しています。

出口である保険会社はそのような体制ですので、保険会社の事故受付センターでの差はなく、契約内容に問題があるか、もしくは入口である担当者・加入代理店の業務品質によって異なるというのが事実です。

【Q4】収益物件を購入しますが、保険期間は何年が良いのでしょうか？

A：予定している保有年数で決めたら良いと思います。

平成27年10月の火災保険料改訂により、最長10年までしか火災保険は掛けることが出来なくなりました（地震保険は最長5年まで）。

以前は最長で35年まで掛けることができましたので、年払いよりも5年一括、5年一括よりも10年一括、10年一括よりも20年一括、20年一括よりも35年一括の方が保険料が割安でした。

しかし、現在は10年一括が最長なので、以前ほどの割安感はなくなりましたので、基本的には購入される物件の「予定保有年数」で決めるのがお勧めです。

ただ、弊社としては「5年一括」をお勧めしています。これは、定期的に補償内容や保険会社を見直す意味を含めてという根拠と、収益物件の場合は大体5年ごと収支を見てみるという特性があるためです。

法人所有であれば、5年未満の短期譲渡税も関係ないので仮に5年一括で加入していて、3年後に売却と同時に解約しても未経過分の解約金[注1]を受け取ることが出来ます。

《注1》火災保険の長期契約中に解約した場合、契約期間に応じた未経過料率によって解約返戻金が払い戻しされます。
つまり、10年一括で100万円の保険料を支払っていて、5年後に物件売却によって解約した場合、約半分の50万円は返戻《へんれい》されます。
但し、未経過保険料は、契約期間の経過年月によって未経過料率という係数は保険会社ごとに変わるので、解約前に保険会社へ確認しましょう。

補償内容という点では、保険会社もその時代に合わせた特約を開発していますし、以前「適用NG」だったものが現在ではOKというようにバージョンUPしています。
ただ、保険料という点では火災保険は値下げされる《注2》ことは無いと思われますので、補償を優先するか、保険料を優先するかの選択肢となります。

《注2》昨今の保険金支払状況は、多発している地震（震災）、大雪や台風等の自然災害、水濡れ損害の増加などで保険金の支払いも増加していますので、今後値上げはあっても値下げは考えにくいと思われます。

保険会社によっては「月払い」も選択可能ですが、収益物件の火災保険としては非常に割高感がありますので、お勧めしていません。特に複棟数所有であれば、物件規模にもよりますが3棟で1棟分の保険料が捻出できるほど一括払いに比べると差があります。

物件を引き続き所有して保険も継続するとしたら、補償内容を見直すとしても「5年一括」が最もバランスが良いのではないでしょうか。

【Q5】火災保険加入時には、どんな担当者や販売代理店を選べば良いのでしょうか？

A：火災保険に精通した担当者であり、その分野に特化した販売代理店です。

生命保険であれ損害保険であれ、契約者が担当者に望むことは、「何かあった際に保険会社と交渉してくれる」こと、「困った時に的確なアドバイスをしてくれる」ことだと思います。しかし、これらは全て契約者と「契約」という行為を行うので、最低限必要なルールではないでしょうか。

弊社は「火災保険専門店」ですが、やはり一つの保険種目に特化する、その分野の知識に深く精通しているかが最も重要だと思われます。

火災保険は「保険知識」だけではなく、多少の「不動産知識」も必要とされます。損害保険・生命保険共に、商品は時流に合わせて多岐に渡って開発・構成されており、年々複雑化しています。

各種保険の特約などで、幅広く補償が受けられるようになるのは良いことですが、一人で全ての商品を幅広く熟知することは、もはや不可能です。そこに、損害保険・生命保険における保険金受取時の税金処理の知識まで必要となります。

これからは、他種目を幅広く取り扱う販売代理店や担当者よりも、専門分野に強い販売代理店や担当者からの加入が絶対的に有利です。

不動産投資の世界では、節税対策として活用出来る生命保険や、自然災害や予測出来ない事故に対するリスクヘッジの手段である火災保険が必要です。

特に「サラリーマン大家」「個人投資家」と呼ばれる方々は、その分野のスペシャリストとチームを組んで運営していくことが非常に重要と言えます。

自分の不動産投資に対する夢や希望、または物件の好みやコンセプトを理解してくれている建設会社や仲介業者の担当者、迅速な対応をしてくれる管理会社、不動産投資の税務処理に詳しい税理士……そして火災保険に詳しい担当者です。

【Q6】中古物件を購入する際に、金融機関や知人代理店から火災保険の見積もりをもらったのですが、何故「保険金額はバラバラ」なのでしょうか？

A：それぞれの評価額算出方法が異なっているためです。

新築の場合は「建築価格」が分かりますので、こういったことは起こりませんが、中古物件の場合、前オーナーが新築時の資料を紛失していることが多いため、現在の再建築に必要な価格に引き直す作業が必要になります。

以前の火災保険の掛け方は「融資金額にて設定」するのが一般的でした。

【例1】融資額7,000万円で、実際の建物評価額5,000万円でも火災保険金額は7,000万円で加入する。

ところが、このパターンで加入していて火災で

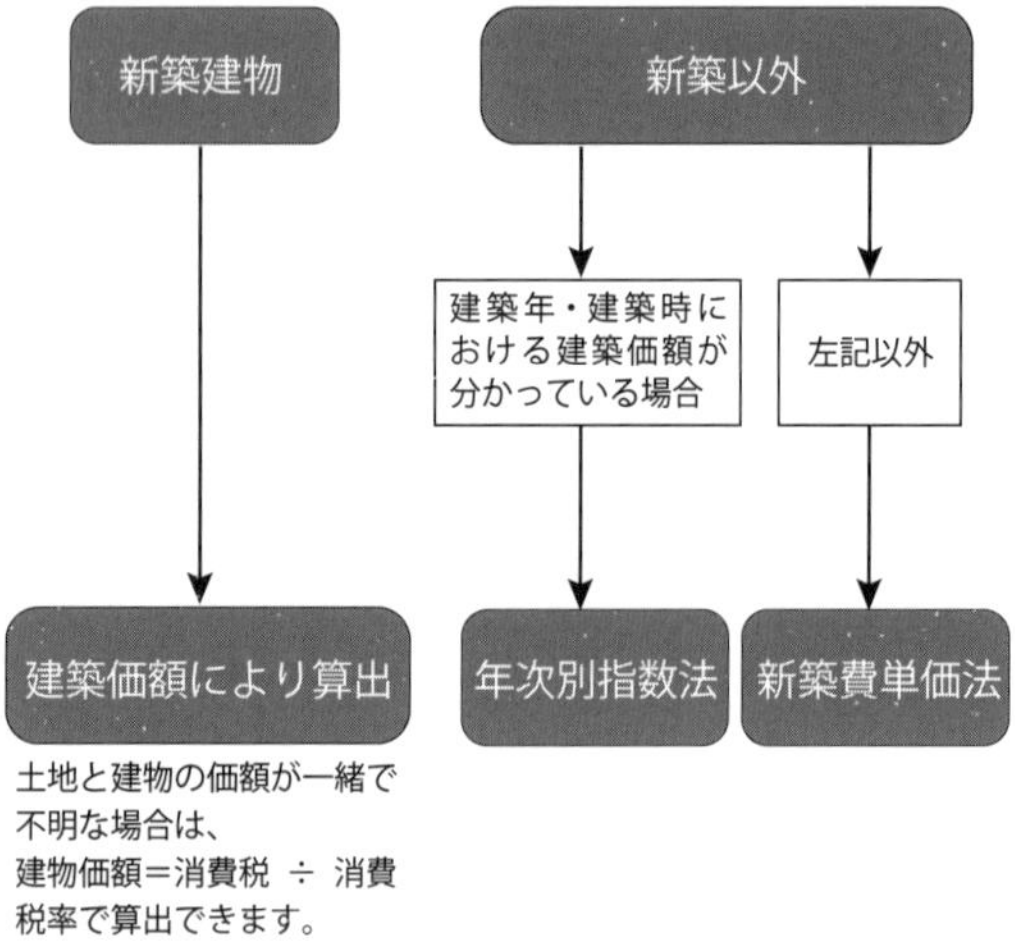

全焼しても、加入金額の7,000万円は支払われず、建物評価額5,000万円しか保険金は支払われません。その場合、火災保険料の無駄払いだったという超過保険《注1》です。

《注1》超過保険とは、契約時に決めた保険金が保険の対象である目的物の価格を超える保険のことをいいます。例えば、500万円の車に1,000万円の保険をかけた場合などが超過保険に該当します（自動車保険の場合は、それが出来ないように車価表があり、記載された車種ごとの保険金額内で設定しないとエラーが出るようになっています）。

保険の目的は損害を補償することであり、契約者が保険金によって損害額を超えて利益を享受するのは保険の趣旨に反することから、超過保険を締結することは禁止されています。仮に超過保険を締結したとしても、超過部分については契約者の意思に関係なく無効になります。

《計算式》
保険金額 ＝ 新築費単価 × 建物面積（㎡）
※全国各県で、それぞれの乗率は異なります。

またその逆パターンで、5,000万円の建物評価額がある収益物件を、2,500万円で購入し、火災保険を2,500万円で加入していた場合、火災で全焼しても保険金は1,250万円しか支払われません。本来5,000万円で掛けなければならないのに、半分である2,500万円でしか掛けていないので、全焼時2,500万円の半分である1,250万円と按分される一部保険[注2]となります。

《注2》 一部保険とは、保険対象物の価額よりも設定している保険金額が少ないものをいいます。
損害額が保険金額の範囲内となる場合でも、保険金額の実際の価額に対する割合により保険金が減額されることになります。

【新築費単価表】　（単位・1,000円）

	住宅物件		
所在地	M構造	T構造	H構造
北海道	182	191	152
青　森	181	185	146
岩　手	173	177	149
宮　城	175	190	151
秋　田	170	176	141
山　形	168	168	150
福　島	173	180	155
茨　城	184	183	158
栃　木	180	184	159
群　馬	163	184	160
埼　玉	194	202	160
千　葉	189	203	164
東　京	226	239	178
神奈川	210	225	169
新　潟	199	184	157
富　山	183	164	160
石　川	190	177	158
福　井	181	184	154
山　梨	184	191	171
長　野	194	184	170
岐　阜	180	184	162
静　岡	187	184	166
愛　知	171	184	165
三　重	164	184	168
滋　賀	178	184	157
京　都	181	200	167
大　阪	179	193	160
兵　庫	176	192	160
奈　良	179	201	162
和歌山	170	204	155
鳥　取	178	187	160
島　根	175	174	164
岡　山	179	184	171
広　島	175	184	158
山　口	163	184	163
徳　島	157	177	147
香　川	168	179	157
愛　媛	152	180	151
高　知	180	184	160
福　岡	154	184	152
佐　賀	152	184	149
長　崎	154	181	147
熊　本	152	184	147
大　分	147	184	145
宮　崎	166	172	133
鹿児島	161	179	146
沖　縄	176	169	159

このように、火災保険は大きく掛けすぎても、少なく掛けすぎてもいけません。物件の「購入金額・銀行担保評価額・固定資産税評価額」は全く関係なく、加入する保険会社の設定する評価額基準を基にしなければなりません。

適正な保険金額にて加入するためには、各保険会社の㎡数に対する「新築費単価表」に建物の延床面積（㎡数）を掛けて保険金額を設定するのが、正しい加入方法《注3》となります。

《注3》中古物件の場合、当時の建築価格が分かる場合は「年次別指数法」という方法がありますが、ほとんどが当時の建築価格が分からないことが多いためここでは省略しております。

【例2】福岡県で220㎡の木造アパート（H構造）の保険金額算出は、次の通りです。

福岡県の新築費単価＝152,000円×220㎡＝33,440,000円

※P166の新築費単価表より算出

この場合、3,344万円の保険金額にて加入すれば、超過保険にも一部保険にもならず、罹災時には何の問題もなく保険金は支払われます。

【Q7】10年一括で支払った火災保険料は、物件取得のための損金（必要経費）として一括計上しても良いのでしょうか？

A：それは間違った経理処理方法です。

賃貸経営に関する経費は大体以下のようなものがあります。

- 賃貸経営の為に支払っている紹介料や宣伝広告費
- アパートローンの利息（金利）
- 人を雇っている場合はその給料（ただし、家族の場合は状況により異なる）
- 清掃費や管理費
- 建物の減価償却費
- 火災保険料
- 賃貸経営に必要な移動費（交通費）

その中でも火災保険は、不動産投資のリスクを軽減し、安定した不動産投資のために欠かすことのできない保険ですが、その年度に掛かった保険料は、損金（必要経費）として計上出来ます《注1》。

《注1》法人の場合は「損金」という表現を使いますが、個人事業の場合は「必要経費」という表現を使います。

火災保険料も、単年年払い・5年一括・最長である10年一括といった支払い方法《注2》があります。

《注2》2年一括や3年一括といった5年未満での支払い方法が選択出来る保険会社もあります。支払い方法による損金計上の仕方は次の2パターンです。

保険料を1年単位の契約で支払うのであれば、全額損金（必要経費）計上となります。

【例1】毎年、火災保険料を3万円支払っている場合は、3万円全額をその年の損金（必要経費）として計上します。

5年、10年など一括で保険料を支払った場合は、一度に損金（必要経費）計上するのではなく、一括で支払った火災保険料を1年ごとに損金(必要経費)計上していくことになります。

【例2】新築RCを10年一括にて、火災保険料を200万円支払った場合は、200万円÷10年＝年間20万円を損金（必要経費）計上することになります。

※税額の計算については、個別の状況や税制改正等により結果が変動しますので、必ず顧問税理士及び各地域の税務署に相談して下さい。

【Q8】収益物件の地震保険料は、年末調整で控除対象と出来ますか？

A：控除対象とはなりません（出来ません）。

毎年、年末調整時期と確定申告時期になると「地震保険料控除証明《注1》」についてのお問い合わせが増えます。

《注1》地震保険料控除制度とは、地震保険契約の保険料を支払った場合（契約した場合）に、所得税と住民税の負担を軽減できる制度です。

しかし、この地震保険料控除について間違った税務処理をされているオーナーが多いようです。年末調整で地震保険料控除の対象となる地震保険料は、以下の要件となります。

①保険の対象が、所得者本人又は本人と生計を一にする親族が所有している家屋・家財であること

②保険の目的が「本人又は本人と生計を一にする親族が所有して常時居住している家屋やこれらの人が所有している生活に通常必要な家財」であること

③保険料の支払いが、本年中で本人自身が支払っているものであること

よって、本人又は本人と生計を一にする親族が常時居住していない収益物件は、年末調整の地震保険料控除には含めることは出来ません。収益物件に係る地震保険料・損害保険料は、年末調整時や確定申告時の地震保険料控除での手続きではなく、「経費」として申告します。

【Q9】今年の台風で、風災と水災の被害に遭い、損害保険金を受け取ったのですが、どのような税務処理になるのでしょうか？

Ⓐ：保険金を受け取るのが「法人」なのか「個人」なのかで異なります。

個人の場合は損害の補填に過ぎないため所得税はかかりません。法人の場合は課税対象になりますが、圧縮記帳《注1》という処理により課税を繰り延べることが出来ます。

《注1》法人がその有する固定資産の滅失又は損壊により、その滅失又は損壊のあった日から3年以内に支払の確定した一定の保険金、共済金又は損害賠償金（以下「保険金等」）の支払を受けます。

その支払を受けた事業年度において、その保険金等をもってその滅失をした固定資産に代替する同一種類の固定資産（以下「代替資産」）を取得するか、損壊を受けた固定資産や代替資産となるべき資産の改良をした場合には、これらの固定資産について圧縮限度額の範囲内で、帳簿価額を損金経理することにより減額するなど一定の方法で経理したときは、その減額した金額を損金の額に算入する圧縮記帳の適用を受けることができます。

また、法人が保険金等の支払に代えて代替資産の交付を受けた場合にも、その代替資産について圧縮記帳をすることができます。

なお、保険金等の支払を受けた事業年度に代替資産の取得又は改良ができない場合でもその翌期首から原則として2年以内に代替資産の取得又は改良をする見込みであるときは、圧縮限度額の範囲内の金額をその事業年度の確定した決算において特別勘定を設ける方法により経理したときは、その経理した額を損金の額に算入することができます。

※国税庁HP№．5608保険金等で取得した固定資産等の圧縮記帳より引用
難しい話になりましたが、要は損害保険金を受け取る場合、個人（火災保険の契約名義が個人名義）だと所得税はかかりません。

しかし、法人の場合（火災保険の契約名義が法人名義）は課税対象になりますが、圧縮記帳という処理方法によって課税の繰り延べが出来るということです。《注2》

《注2》税額の計算については、個別の状況や税制改正等により結果が変動しますので、必ず顧問税理士及び各地域の税務署に相談して下さい。

【Ｑ10】所有物件で自然災害による罹災や賠償事故が起きた場合は、どうすればよいのでしょうか？

火災、台風、水災、地震などの自然災害や施設内での賠償事故が発生した場合、契約している保険会社もしくは加入代理店へ保険金請求を行うのですが、必要な手順及びポイントを解説します。

①すぐに加入している代理店・担当者へ連絡しましょう！

直接保険会社のカスタマーセンターなどに連絡するという方法もありますが、まずは加入している代理店・担当者へ連絡する方がお勧めです。理由は簡単で、担当者の方が加入経路や契約内容を把握していることが多いので、事故原因や事故状況に応じて的確なアドバイスが出来るためです。

また、その発生原因などで「保険適用か否か」もある程度は判ります。もし、すでに担当者が退社している・廃業している・他代理店へ転職している場合は加入保険会社へ連絡しましょう。火災保険に限らず「被害を受けた際は早急に報告すること」が原則です。

何故かと言えば、火災保険では自然な消耗による老朽化、つまり経年劣化は補償の対象外となっているため、報告が遅れれば遅れるほど「因果関係」の証明が難しくなってくるからです。

最初は外部的なダメージを受けて破損した傷も、時間が経って傷みが拡がれば経年劣化となります。そうなると保険金支払いの判断も非常に難しくなり、場合によっては自然災害で受けた損害でも支払い対象外となってしまうのです。

火災保険の認定には「いつ・何が原因で・どんな被害を受けたか」が非常に重要になってきます。被害を受けてすぐの方が証明もしやすいですし、保険会社側及び販売代理店側も確かな情報として受け取ることができます。

ちなみに、火災保険の請求事項は保険法により「3年」と定められています。先ほどお伝えした通り、一般的に事故から相当の時間が経過すると事故の調査などが困難となり、適正・迅速な保険金支払いができなくなる恐れがあります。

！保険法

保険法第95条（消滅時効）

保険給付を請求する権利、保険料の返還を請求する権利及び第63条又は第92条に規定する保険料積立金の払戻しを請求する権利は、3年間行わないときは、時効によって消滅する。

【強行規定】

一般社団法人　損害保険協会HPより

このため、保険会社の保険金支払義務は、3年を経過した時点で時効によって消滅するとされています。

②保険金請求に必要な写真（画像）・修理見積もりを準備しましょう！

保険金請求手続きにあたって必要となるものは、基本的には次の2点《注1》です。

《注1》第三者による破損・棄損の場合は、警察への被害届などが必要になる場合があります。

- 写真
- 修理見積もり

まずは写真についてですが、損害箇所だけではなく「物件の全体画像」も必要です。

①物件の全体画像
②被害及び事故部位の全体画像
③被害及び事故部位のアップ画像

保険会社から保険金をキチンと受け取るためには、「この物件の」⇩「この部分が」⇩「こうなって」⇩「こうなりました」というストーリーが必要です。損害保険金を査定する側も人間ですので、「現場に行かなくても画像で状況を把握出来る」ような撮り方がポイントです。

保険会社は保険金請求された全件の事故現場に調査へ行くわけではなく、小損害（50万円未満等）の場合はほとんどが写真鑑定だけで済みます。そのため、写真は損傷部分だけではなく、建物の全体画像も撮って、写真と事故状況説明によりどんな事故だったのかを保険会社に理解してもらう必要があります。

保険会社（または損害鑑定会社）が現場確認を行う場合でも、広域災害などの場合はすぐに駆け付けられないことも多いので、損害状況が分かる写真は必ず撮っておきましょう。

仮に、撮り忘れた場合でも保険金が支払われないということはありませんが、事故時には、保険会社及び販売代理店・担当者への報告と同時に、写真（携帯やｉｐａｄ画像でもＯＫです）も必ず先述のポイントにそって忘れずに撮っておくことをお勧めします。

そして復旧・修復のために必要な金額を証明する「修理見積もり」ですが、「一式」での見積もりは基本、保険会社は受け付けていません。

例えば、台風で窓ガラスが割れてしまって、

A：「ガラス交換一式：○○万円」

B：「○○社製 製品番号×××－××× 縦○㎝×横○㎝ 材料費 ○○万円・取り付け工賃○千円」

との2種類の見積もりがあれば、保険会社は後者の請求だとすぐに保険金を支払ってくれます。前者の見積もりだと、「ガラスのサイズは何㎝ですか？」「何号室のどの部分に使われているガラスですか？」など確認の電話が入るので2度手間になり、それだけ保険金を支払うスピードが遅くなってしまいます。

建築業界の習慣なのか「一式」とは項目が多く、その内訳をそれぞれ細かく表記するのが大変なときに、それらをまとめて提示する際によく用いられます。

あれこれ細かく書かなくても「全部含んでいますよ」と非常に便利で短縮された表記方法ですが、これでは保険金を支払う側は「どのような材料を使って」「どんな工事をして」「どれだけの金額なのか」が全くわかりません。

【例】どちらが修理代金を請求する書類として分かり易いでしょうか?

品番・品名	数量	単価	金額
窓ガラス交換修理（一式）	1		50,000円
	小計		50,000円
	消費税（10%）		5,000円
	合計金額		55,000円

品番・品名	数量	単価	金額
203号室・リビング網入りガラス交換	1	37,000	37,000円
(サイズW795×H1,710メーカー型番:×××-×)			
交換工賃（調整含む）	1	8,000	8,000円
残存物処分費	1	5,000	5,000円
	小計		50,000円
	消費税（10%）		5,000円
	合計金額		55,000円

このように同じ55,000円を請求する場合でも、明細や内訳が有る・無いで保険会社の対応は変わります。

例えば、運転する車のバンパーをぶつけてしまい、修理をする際に「修理代金：5万円一式」といきなり「5万円」請求されても、どんな修理をしたかの内訳や明細がないと支払えないですよね。パーツ品番がいくらで・塗装カラー№の金額・修理面積・作業工賃がいくらの合計で「5万円」と記載されていてはじめて、請求された金額に対して納得するのと同じです。

修理見積もりに不明な点が多いと、鑑定人を入れるだの、見積もりが高いだの、無い腹を保険会社に探られるような感じになってしまいます。それならば、最初から内訳や詳細内容が分かる見積もりを作成してもらうように依頼しましょう。

また、見積書は業者の体質が現れると言われており、業者の姿勢を見抜くことが出来ます。高いか安いかだけでなく、良心的な業者なのか、それとも悪徳な業者なのかを判別することも出来るのです。

● 「大きな会社で、取引量が多いから部材を安く仕入れることが出来るんだな」
● 「地元の工務店を使っているから、工費を安く抑えることが出来るんだな」

このように見積書からは様々なことが見えてきます。但し、見積もりをキチンと作成してもらうのと、「金額を叩く」のとは意味が異なりますのでそこはご注意下さい。

希に、修繕や修復の都度、数十社の業者からの相見積もりをとって叩きまくった挙句、結局どの業者にも相手にされなくなったという話も聞きます。

保険金請求に必要な見積もりは、明細や内訳記載、妥当な市場価格・適正工賃であれば何の問題もなく保険金は支払われますので、見積もり金額を値切る・叩く必要はありません。

③保険金を受け取るまでの流れを整理しよう！

- 保険事故の発生と同時に保険会社もしくは販売代理店（担当者）へ報告

⇩

- 写真（画像）、修理見積等を提出

⇩

- 支払保険金額の決定（必要情報が揃ってから1週間前後）

⇩

- 保険金請求書類の提出

⇩

- 保険金支払（保険金請求書類提出後1～2週間）

スムーズにいけば、事故から1週間～10日程度で保険金支払いまで完了します。

このスムーズさを決めるのが報告・写真（画像）・修理見積書です。

逆に言えば、このどれかがキチンとしていないと、いつまで経っても保険金が支払われない、調査が入って減額されることにもなります。大げさなようですが、写真及び画像の撮り方、見積書の作り方によって支払われる保険金が変わってしまうのです。

特に修理見積書は、修理にかかる総額だけではなく、修理にどのような部材をどれくらい使用するか、それぞれの単価はいくらかなどが細かく記入されているかどうかチェックしましょう。

この見積書がベースとなって保険金が決まりますので、最も重要なポイントとなるのです。


以前のイメージで「保険会社はできるだけ保険を払わないようにしてくる」と思っている方もまだおられますが、実際にはそんなことはありません。可能な限り、速やかに保険金を支払うスタンスです。

私共は実際に保険金請求のお手続きをしている立場ですので、それは間違いなく断言出来ます。保険会社の損害査定が云々というよりも、販売代理店のレスポンス次第で保険金支払いまでの時間が変わるのが事実です（各保険会社は、保険金の不適切不払い・支払漏れ等、金融庁管理下の元で厳しくチェックされています）。

私が保険業界に入った時と違って、最近では女性査定スタッフが多くなり、契約者の立場にて処理を進めてくれますので、対応は非常に素晴らしくなっています。
結局、彼ら（彼女ら）の立場からすれば、「現場に行かなくても、手に取るように事故の状況が理解出来る画像、市場価格より逸脱していない修理見積もり」を提出すれば良いのです。これが保険金をスムーズに支払ってもらうポイントです。

【Q11】毎月高額な修繕費で困っているのですが、火災保険で何とかなるものでしょうか？

Ⓐ：修繕に該当するものは、火災保険の支払い対象となりません。

建物は竣工&引渡しと同時に「劣化」していきます。どんなに立派な建物でも、永遠に竣工&引渡し時の美観を維持することは出来ません。
しかし、適切な点検・修繕・メンテナンスを施すことで、長持ち《注1》させることは可能です。

《注1》自動車も、タイヤ・バッテリーなどの消耗品の定期的交換、艶を保つための洗車やボディコーティング、オイルや冷却水クーラントなどを定期交換し、メンテナンスを施せば、故障するリスクを抑えられ永く乗り続けることが出来るのと同じです。

不測の事態に備えるために加入する「火災保険」ではありますが、建物に起こった〝損害・損傷〟としては、自然災害や第三者による破損などによる「事故」と「経年劣化による修繕・メンテナンス」に分かれます。火災保険とは、「事故」を補償するものであり、「修繕・メンテナンス」は補償されません。各保険会社の約款では、保険金を支払わない場合を下のように定義しています。

特に火災保険では「経年劣化かどうか？」がポイントになります。

先ほどの自動車を例にしてみると、タイヤやバッテリーは走行すると自然に摩耗・消耗していきます。これらは自動車保険を使って新品交換出来るかというと、それは無理だとご理解いただけると思います。ボディが紫外線に当たって色褪せてきたので、自動車保険を使って全塗装できるかといえばこれもまた違います。

あくまでも自動車保険は「事故」が保険対象です。

次のいずれかに該当する損害及び、いずれかにより生じた損害、費用に対しては、保険金は支払われません。

（1）保険の対象の欠陥。但し、保険契約者、被保険者またはこれらのものに代わって保険の対象を管理する者が、相当の注意をもってしても発見し得なかった欠陥を除きます。

（2）保険対象の自然的な消耗、劣化、または性質による変色・変質、錆び、かび、腐敗、腐食、浸透、ひび割れ、剥がれ、肌落ち、発酵もしくは自然発熱の損害、その他類似の損害。

（3）ねずみ食い、虫食い等（シロアリ被害も該当します）。

火災保険も同じく損害保険というものは、「事故」が保険対象となり、経年劣化や定期的に交換が必要な設備や部材は火災保険では対象となりません。

● 屋根上防水や外壁コーキング切れ
● 外壁や基礎のひび割れや爆裂（地震等の自然災害を除く）
● 支柱の腐食
● 外壁や屋根の紫外線による色褪せ
● クーラーなどの空調設備や給湯器等の附属設備
● 室内外の配管などのゴムパッキン類
● 室内のクロスや壁紙の浮き・剥がれ
● フローリングの擦り傷・ワックスの剥がれ・日焼け
● 給水ポンプや貯水槽内部の故障や寿命及びサビ
● エレベーターのワイヤーや機械式駐車場のチェーンベルト外れ・断裂
● 敷地内にある植木（植物）の枯死

仮に「経年劣化」を「事故」として虚偽の事故報告・不正請求《注2》を行うと、保険会社は「刑事上の処理」を求め、更には契約の無効及び解除を行使してきますので、こういった行為は行わないようにしましょう。

保険会社も自動車保険での事故現場確認について、現在ではグーグルマップ・ストリートビュー《注3》で確認したり、火災保険に至っては、数年前からの物件の損傷を確認したりすることが可能です。火災保険の活用は大いにすべきですが、悪用してはいけません。


《注2》虚偽の事故報告・不正請求が判明した場合、保険会社は契約の無効及び解除を行使します（この権利は保険会社だけでなく、契約者も所有します）。

契約の無効とは、契約者が保険金を不法に取得する目的または第三者に保険金を不法に取得させる目的をもって契約を締結した時をいいます。

契約の解除とは、次のような場合には保険会社は契約を解除することができます。

また契約者もいつでも契約を解除（解約）することができます。

①告知義務違反があったとき
②通知義務違反があったとき
③保険料不払い（保険料の分割払いにおける保険料未納の場合等）があったとき
④保険会社の契約者等に対する信頼を損ない、契約の存続を困難とするような重大な事由があったとき

《注3》更に進化した「Google Earth Studio」は、グーグルアースとその他の衛星画像を組み合わせて、あたかもドローンで撮られたような映像を作成出来ます。ニュース、研究、教育関連の組織や非営利団体に無料で提供されています。

本来「相互扶助…皆でお金を出し合い、万一に備える助け合いのシステム」である保険を悪用した契約者を追跡調査した結果、「所有物件の空室が埋まらない」「変な賠償事故に巻き込まれる」「利益が出ない物件を掴まされる」など、何らかの形でキャッシュアウトしているようです。

また、保険会社も怪しい事故についてはデータを収集して、その契約者の事故は「必ず鑑定人を入れて調査する」「次回の更新を拒否する」「新規契約を受け付けない」といった対策をしています。その際には、すでに裏付けを取った上での行為なので、何を言われても突き返せる情報を入手しています。

【Q12】入居者から「排水口から下水臭が出て、室内が臭くてたまらないので何とかして欲しい」と言われているのですが、異臭に対して火災保険は適用となるのでしょうか？

A：異臭や臭気に関するものは、火災保険の適用とはなりません。

そもそも火災保険は「建物」と「家財」の物理的な損害を補償します。「臭い・匂い」は、物理的な損害を与えていると判断されないため、火災保険の適用とはなりません。

また、「臭い・匂い」の感じ方は人によって異なるため、人間の官能評価を一律化することは出来ません。「建物」や「家財」の物理的損害は数値化（損害額算出）出来ますが、人によって「臭い・匂い」の感じ方が異なるため、「損害を数値化」することが難しいのです。《注1》


《注1》「臭い・匂い」は、固有のニオイを持つ化学物質が集まった多成分の混合体であるため、分析機器を用いた測定により「数値化」すること自体は可能です。

但し、その数値はあくまでも「数値」であり、人によって感じ方は異なるため、それを物的損害にすることが出来ないのです。「ニオイ」は使う場面によって、「匂い」や「香り」、「薫り」、「臭い」などと使い分けられます。それほど多種多様な特徴を持つ「ニオイ」を単一の評価尺度で表すことは困難で、実際ニオイには世界共通の単位がありません。


法定耐用年数が47年のRC造であっても、実際には50年以上は使えます。

しかし、建物自体は50年使えたとしても、設備は50年間使用出来ません。

特に機械設備は寿命が短いものが多く、ポンプ類で15年、エアコン等は10年程度です。その中で、給排水に使用される配管は比較的長期間使用出来るほうですが、20年を超すと色々と問題が出てきます。

最も多いトラブルは「詰まり」で、他には水漏れ、錆の混入（赤水）なども起こってきます。多少の詰まりであれば専用器具や工具・洗浄剤を使って解消できますが、頻繁に発生するようになると、寿命が近付いてきている前兆です。

特に配管の寿命は、その地域の水質にも左右されるものなので、定期的に配管洗浄をしておかなければ「異臭や臭気」の原因にもなります。

原因が〝入居者〟の使用方法に問題があれば別ですが、配管の汚れや詰まりによる「異臭や臭気」の場合、物的損害には該当しないので、火災保険の適用とはならないのです。

また、「異臭や臭気」の類似事故として火災時における「焼けた臭い」や「焦げ付き臭」など所有物件の各部屋に煙害〜臭気損害を受けたとしても、認定される内容としては、清掃・洗浄・クリーニング費用といった原状回復費用位です。

納得出来ず、出火原因元に損害賠償を求めたとしても、日本には『失火の責任に関する法律（失火責任法）[注2]』があり、火災の火元は重過失でない限り、損害賠償義務が無いので、仮に認定されたとしても先ほどの原状回復費となります。

《注2》失火の責任に関する法律（失火責任法・失火法）とは、明治32年3月8日法律第40号に規定された法律です。

「民法第709条の規定は失火の場合にはこれを適用せず。但し失火者に重大なる過失ありたるときはこの限りにあらず」。

日本は木造家屋が密集しているため、火災が発生すると広がりやすいという問題があり、自宅・家財道具・財産を失った上に延焼させた人に損害賠償責任を負わせるのは賠償能力を遥に超えるため適用しませんという考え方です。

しかし、失火責任法があっても、重過失が認められる際には損害賠償責任を問われます。重大なる過失（重過失）とは……

「少しの注意をしていれば容易に防ぐことができたのに、注意を怠ったために火災が発生し失火させてしまった場合」を意味し、誰に聞いても危ないと言われる問題を「注意を怠った」または「注意を怠り放置した」ことをいいます。

【Q13】オーナー仲間が保険金請求をした際に、保険会社から「無責」という通知が届いたそうです。この「無責」とは何を意味するのでしょうか?

A：「火災保険の支払対象にはなりませんでした」という意味です。

保険金請求時には「有責による支払い」や「無責による支払い対象外」と約款に沿って2つのジャッジメントが行われます。

- 保険会社が支払う責任があるものを「有責」
- 保険会社が支払う責任がないものを「無責」

有責の場合は、保険金を支払ってくれるので、オーナーとしては何も問題はありませんが、無責の場合は、オーナー自己負担で修理・修復しなければならなくなり、この無責になる理由も2つあります。

- 保険料を支払っていない期間（未納・失効・解除）での事故である
- 根本的に支払いの対象外である

保険料の未納・失効・解除とは、支払うべき保険料を納めていない状況を未納、その未納状態から、納めるべき払込猶予期間を過ぎてしまった場合に保険効力がなくなる状態を失効、更に契約していたこと自体が無かったことになる状態を解除といいます。

保険料を支払っていない期間（未納・失効・解除）での事故は当たり前の話ではありますが、火災保険で「根本的に保険金の支払い対象外」なのは「老朽化・劣化・摩耗・消耗」もしくは被害の発生時期や因果関係が無い場合です。詳しくは先述の【Q11】を参照下さい。

【Q14】既存建物に太陽光パネルを後付けしたのですが、保険はそのままでいいのでしょうか？

A：そのままでは、落雷や風災で太陽光パネルが損害を受けても補償されませんので「保険金額の増額手続き」をしておきましょう。

新築時であれば、建物価格5,000万円・太陽光パネル500万円の場合、5,500万円で火災保険に加入すれば良いのですが、途中で太陽光パネルを乗せた場合、太陽光パネル分の「保険金増額手続き」をしなければなりません。

現在、3,500万円で建物火災保険に加入していて、新たに500万円の太陽光パネルを設置した場合は、契約先の保険会社・代理店へ連絡して、火災保険金額を500万追加して4,000万円にすれば良いのです。追加時に契約している保険会社・保険代理店に報告することは通知義務《注1》に該当します。


《注1》 契約者の通知義務とは、保険契約後に変更事項が生じた場合に契約者または被保険者が保険会社に遅滞なく連絡しなければならない義務のことを言います。

自動車保険では、車を乗り換えた場合や運転する年齢条件が変更になった時などです。

傷害保険であれば、転職などで職種が変わった場合が通知義務に該当します。

火災保険の場合であれば、住居を一部店舗に改造したり、引っ越しに伴い家財を別の場所に移転する場合や、太陽光パネルの後付けなど附属設備の変更があれば、通知義務が発生します。

遅滞なく通知が無い場合、または通知に伴う所定の手続きをしない場合は保険金が支払われなかったり、契約が解除になる場合もあります。


実際に太陽光パネルの事故として多いのは……

- 強風や台風で吹き飛ばされてしまった!
- 落雷でユニットがショートしてしまった!
- 何かが飛んできて、パネルの一部が破損してしまった!

- 雪の重みで倒壊してしまった！
- 土砂崩れで流されてしまった！

これらの事故が挙げられますが、九州ではやはり「水災」と「落雷」、そして「風災」が多い事故です。火災や盗難も補償に含まれますが（特約・オプションで選択した場合）、実際、太陽光パネル自体は簡単に燃えるものではないですし、盗難をして簡単に持ち運び出来るほどの重量ではありません。

また、建物の屋根上に設置する太陽光パネルは、建物火災保険に含めることができますが、地べたに設置するメガソーラーのようなものは火災保険ではなく「動産総合保険」での加入《注2》となります。

《注2》あらゆる動産を対象として、免責規定に除外してない限り、すべての偶然な事故による損害を総合的に填補《てんぽ》する保険です。

【Q15】機械式駐車場は、火災保険の補償対象となるのでしょうか？

A：「建物の一部」とつながっていれば補償対象となります。

都心部で多い「機械式駐車場」ですが、「建物の一部」とつながっていれば建物火災保険の補償に含まれます。実際に機械式駐車場での事故は以下のようなものがありました。

● 落雷によりユニットが作動しなくなった！……基本補償「落雷」にて補償されます。
● 過電流により油圧ポンプが壊れた！……………特約／オプションの「電気的機械的事故特約」にて補償されます。
● 異常作動によりチェーンベルトが外れた！……火災保険の適用ではありません。
● 機械の不具合により自動車を潰してしまった！…特約／オプションの「施設賠償保険」にて補償されます。

しかし、道路を挟んで設置されていたり、登記簿上で別個に登記されている場合は「機械保険」に加入することになります。《注1》

つまり、機械式駐車場が建物火災保険の補償に含まれるかどうかは、その駐車場が建物の一部とつながっているかどうかになります。


《注1》機械保険とは、機器装置・設備の機械類の補償を目的とした保険です。機械式駐車場であっても「月極駐車場」と同じく特定の利用者に期限を決めて、駐車スペースを貸与する駐車場です。

ほとんどが1年契約であり、貸主・借主双方に不都合がなければ次年以降も自動的に更新されます。

駐車場内の事故は道路交通法の枠外となりますので、利用者同士の物損は当事者同士の自己責任であり、駐車場管理者・駐車場所有者に責任は及びません。

万が一、車上荒らしや盗難、利用者同士の物損などの事故があった場合でも、オーナーや管理会社は対応できません。

……というのも、自動車の盗難や物損はその車両の所有者が掛ける車両保険であって、駐車場の所有者・管理者が掛ける保険ではありません。防犯カメラを設置する、免責事項である旨の明示(看板など)をすること位で、事故を未然に防ぐ対策も取りにくいのが現状です。

【Q16】併用住宅は、通常の居住用火災保険で加入しても良いのですか?

A：それは間違った加入です。正しく「一般物件」として加入しましょう。

例えば、1Fが店舗で2Fが住居の場合、「一般物件」で加入しなければなりません。

そういった物件の火災保険の見積もり依頼を受けて、保険料を提示したところ、依頼者より「何故、他社と比べてこんなに高いのですか?」となることがあります。よくよく他社見積もりを見てみると、2Fが住居なので「住宅用として加入して問題ないです」と居住用火災保険で試算されていたのです（未だに、こういった知識が無い募集従事者が居ることは信じられませんが……）。

これは明らかに間違った加入方法であり、併用住宅の「一般物件」として加入しなければなりません。この場合、店舗がどういった職種なのかで変わりますが、居住用と比べると1.5~2倍ほど保険料は高くなります。

実際に保険期間中、何も無ければ表沙汰になることはありませんが、過去の事例ではこのような事例がありました。

①担当者に言われるがまま、１Fが店舗で２Fが住居なので、専用住宅・共同住宅で加入していたところ、水災被害で保険金請求した際に「保険料の追徴」「保険の取り消し」「保険金削減」を保険会社に求められた！

悪質とみなされ保険金が全く支払われない状況にもなりかねません。

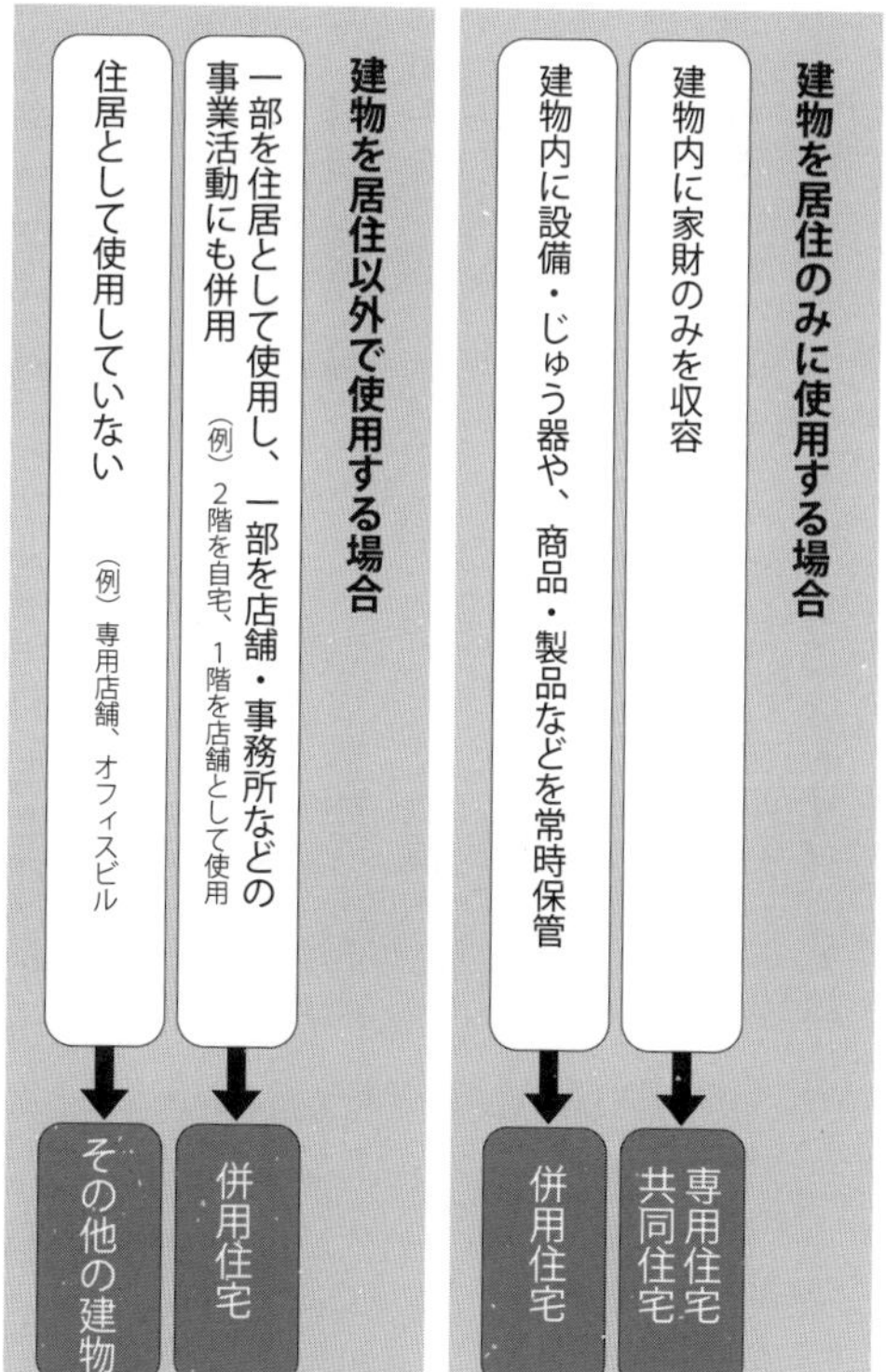

建物の用途は、「専用住宅・共同住宅」「併用住宅」「その他の建物」に分類されます。
建物の用途は、１つの建物全体で判定します。マンションなどの戸室を対象とする場合でも、その建物全体から判定します。

販売担当者にも当然、ペナルティはいきますが、結局は「言った・言わない」の水掛け論で先に進まないケースが多いです。結果としては、契約者が被害を受けることになります。

②賃貸戸建として貸出していたが、入居者が半年後位に介護施設として勝手に運用していた。その際、落雷被害に遭ったので保険金請求をしたところ、「過去に遡った契約の訂正」「保険料の追徴」を保険会社に求められた!

オーナーが知り得ることが出来ないことでもあり、入居者がオーナーの許可を得ずに運営したので、オーナーに過失を問われることはありませんが、「過去に遡った契約の訂正」及び「保険料の追徴」は免れることは出来ません。

このように加入の入口を間違えると、後でとんでもない目に遭うので加入時にはしっかりと精査する必要があります。

【Q17】個人賠償・借家人賠償・施設賠償の違いが分かりません。

Ⓐ:個人賠償・借家人賠償は入居者が加入するもの、施設賠償はオーナーが加入するものです。

《個人賠償責任》……入居者が加入するもの

国内外を問わず、日常生活において本人または家族が他人にケガを負わせたり、他人の財物を壊したりした結果、法律上の損害賠償責任を負担することによって被る損害を補償します。

収益物件における具体的な事故例

◆洗濯機のホースが外れて、下の部屋に漏水し、階下の住人の衣服類を汚してしまい、弁償を求められた。
◆散歩中リードが外れ、ペットが通行人を噛んで治療費を請求された。
◆敷地内外にて自転車を運行中、通行人にぶつかってしまい、ケガをさせてしまった。

《借家人賠償責任》……入居者が加入するもの

入居者は、部屋を貸しているオーナーに対して負う、原状回復義務（借りた部屋を借りた時と同じ状態に戻してオーナーへ返すという入居者が負っている義務のこと）があります。

賃貸住宅向け火災保険の内訳

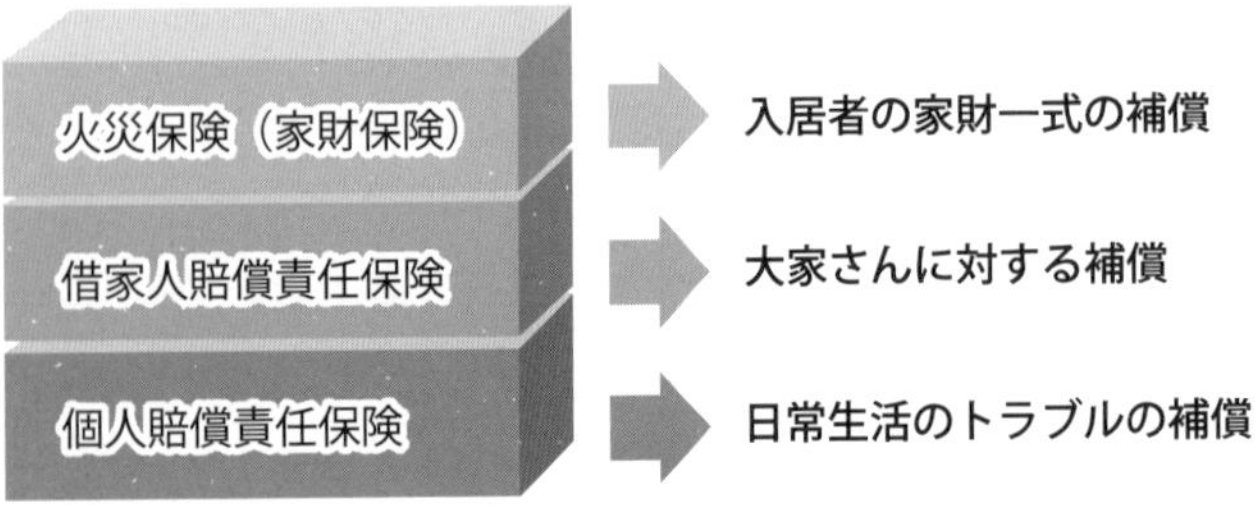

収益物件における具体的な事故例

◆料理中に鍋を焦がしてしまい、部屋の壁紙などを煤《すす》で汚してしまった。

◆家具を移動中、誤って落としてしまいフローリングに傷を付けてしまった。

◆浴室で滑って転倒し、その際に扉ガラスを破損させてしまった。

《建物賠償・施設賠償》……オーナーが加入するもの

1. 施設の安全性の維持・管理の不備や構造上の欠陥
2. 施設の内外で通常行われる業務の遂行

これらが原因となり、他人にケガをさせたり、他人の物を壊したりしたために、オーナーが損害賠償責任を負担させられた場合に被る損害を補償するものです。

どちらも一見似ているような、違うようなで分かりにくいと思います。希に収益物件であるにもかかわらず、単なる建物火災保険でプランニングされて個人賠償を付帯しているケースも見受けます。賃貸経営は「事業」なので、物件取得名義が個人名義・法人名義であっても「個人賠償」には該当しません。

つまり、事業用の賠償保険である建物賠償・施設賠償に加入しなければならないのです。飲食店であれば食中毒などの賠償保険、工事事業者であれば請負賠償保険などのように「事業用」にて加入しなければ万が一の際に全く役に立ちません。

具体的な事故例だと……

◆建物の外壁タイルが剥がれ落ちて通行人にケガをさせてしまった。
◆給排水設備が水漏れを起こして入居者の家財を壊してしまった（入居者の過失がない場合）。
◆配電盤のトラブルによって火事が起こり入居者を死傷させてしまった。
◆共有部階段の手すりが錆びていて、階段を上っている最中に崩落し、入居者にケガをさせてしまった。
◆エレベーターに人が挟まってケガをさせてしまった。

色々なケースが考えられますし、実際に私も数多くの事故処理をしてきました。

先述のような賠償事故は、築年数の経過と共に発生確率が上がっていきますが、定期的な修繕を行うことでリスクを回避出来ます。

また、キチンと修繕を行っていればオーナーが過失を問われることも少なくなります。何度もお伝えしていますが、収益物件に必須特約である「建物賠償・施設賠償」ですが、物件取得名義が個人名義であれ法人名義であれ、「個人賠償責任特約」では代用できません。特約として付帯するか、単体で加入する必要がありますので注意しましょう。

【Q18】「新築」と「中古」、そしてどの「構造」の物件を購入すればよいか迷っています。火災保険的には、どれがランニングコストはかかりませんか?

Ⓐ：物件の「購入目的次第」で決めるべきだと思います。

不動産投資目的としては、次のような目的があります。

①インカムゲイン（家賃収入狙い）

家賃収入で副収入やセミリタイアを目指すケースが多いパターンですが、大体3つのタイプに分かれます（新築及び中古含む）。

- 高利回り派：郊外かつ築古でとにかく高利回りな物件が対象。
- キャッシュフロー派：銀行融資と返済比率での手残りが多い物件が対象。
- どちらでもよい派：家賃収入で老後の年金の足しになればよい位で対象物件は幅広い。

②キャピタルゲイン（値上がり益狙い）

基本は「プロの世界」です。売却時の不動産市場や融資状況が購入時の状況よりも有利な場合、キャピタルゲインが取れることはありますが、あくまでもタイミング次第というものです。

また、再生案件や転売物件（中間省略含む）もこの手法に含まれます。

③節税狙い

儲かっている法人や個人が、所得税の圧縮を狙い「減価償却費」という経費が目的で現物不動産を取得するものです。

④相続対策（相続税の圧縮）

1億円を現金で保有しているよりも、その1億円で収益不動産を購入した方が相続税が低くなります。

また、土地所有であれば土地のままよりも、土地の上に建物を建てた方が相続税が低くなります。


何を目指して不動産投資の世界に踏み込むのか整理した上で、新築なのか中古なのか、そして「構造[注1]」を選ぶのがよいのではないでしょうか？

構造による保険料差につきましては、P28をご参照下さい。


《注1》アパート・マンション経営において、構造で耐用年数が異なります。

物件の耐用年数の残存年数によっては、金融機関の融資が可能か不可能かの審査対象にもなります。

また、耐用年数を過ぎてしまった物件では利益を相殺できなくなるため、経費化できる損金が減ってしまい、税金額が大きくなってしまうといった問題も発生します。

構造別耐用年数

鉄骨造 厚さ３㎜以下	木造	鉄骨造 厚さ３㎜超４㎜以下	鉄骨造 厚さ４㎜超	鉄筋コンクリート造 RC
19年	22年	27年	34年	47年

【Q19】物件の所有形態（マンション区分所有・丸ごと1棟・賃貸戸建など）に応じて火災保険の補償内容は変えた方が良いのでしょうか？

A：勿論、所有形態に応じて変えるべきです。

基本的にフル補償（火災・落雷・破裂・爆発・風災・雹災・雪災・水災・水濡れ・盗難・外部からの物体の落下・飛来・衝突・騒擾・汚破損・不測かつ突発的な事故）に地震保険といった物的損害に対する補償に、臨時費用保険金特約＋施設賠償（建物賠償）が基本になります。

マンション区分所有・丸ごと1棟・賃貸戸建といった所有形態では、構造に関係なく「築年数」や「附属設備…電子オートロック・エレベーター・太陽光パネル等」の附属設備に応じて「電気的機械的事故」を付帯しておくことをお勧めします。《注1》

《注1》各補償内容や特約内容については、第2章をご参照下さい。

但し、マンション区分所有については2F以上であれば、「水災」のみ外すことをお勧めしています。丸ごと1棟や賃貸戸建と違って、マンションの2Fから上階は「浸水する」という事故がほぼ皆無と言えます。《注2》

《注2》上階からの漏水事故で水浸しになった、消火活動により水浸しになった……これらは「水災」にはなりません（水濡れ損害より補填されます）。

また津波により、マンションごと流された場合も「水災」には該当せず、地震保険から支払われます。

余談ですが、マンション区分所有・丸ごと1棟・賃貸戸建の中で、火災保険加入時に1番チェック項目が多いのは「マンション区分所有」です。管理組合の有・無で特約の選定も変わり、しかも「管理組合の規約がどうなっているのか」で検討項目が複数あります。

丸ごと1棟や賃貸戸建は、建物を含め土地（敷地）もオーナーの所有となるので問題ありませんが、マンション区分所有の場合、「土地の所有」《注3》という概念が薄く、代わりに「共有部」《注4》という存在がありますので、どの範囲まで担保するのかも検討材料になります。

《注3》マンションでは、専有部分の所有権のほか、共用部分については専有部分の床面積の割合（建物全体の合計専有面積に対する区分所有する専有面積の割合）で持分を共有します。
また、敷地も共有するため、購入者は「専有部分」の区分所有権、「共用部分」の共有持分権、敷地権（敷地の共有持分）の3種類の権利を持つことになります。

20階以上のタワーマンションと呼ばれる建物は、限られた敷地内で上に上に伸ばしているので各世帯が持つ土地の持分は僅かです。その代わりに土地の持分が少ない分、資産価値の圧縮につながるので、取引価格と固定資産税評価額の乖離を利用したのが、タワマン節税といわれる手法です。しかし、平成29年度の税制改正でタワーマンションの固定資産税と不動産取得税が見直しされることになりました。タワーマンションへの課税については、継続して見直しが検討されるようです。

《注4》マンションは専有部分と共用部分に分かれており、住居部分を「専有部分」、専有部分以外は「共用部分」と定義されています。共用部分は広範囲に存在し、次のような部分となります。

- ●壁、支柱、屋根、基礎などの躯体・構造部分
- ●エントランス、共用廊下、階段、エレベーターホール、機械室等、専有部分に属さない建物部分
- ●バルコニーやベランダ、隔壁板、メーターボックス等
- ●建物の付属部分（エレベーター設備、電気設備、給排水設備、インターネット通信設備等）
- ●管理人室、集会室など性質上共用部分とみなされるもの
- ●規約によって共用部分とされるもの

なお、共用部分は区分所有者全員で所有され、その持分は専有面積割合に応じて決められます。規約によって床面積の割合以外の割合で所有権を決めることも可能ですが、現実には難しいようです。

【Q20】火災保険という角度では、どんな物件がリスクが高いと思われますか？

A：修繕履歴（メンテ履歴）が不明な築古大型RC造です。

これはあくまでも「火災保険という角度」での見解です。《注1》

《注1》この項目では、「修繕履歴やメンテ履歴が不明な物件」のリスクが大きいというのは、火災保険という角度での見解であり、投資対象としての築古大型RCマンションを否定しているのではありません。元より、新耐震基準で建設されたコンクリート造は、適切な維持管理・修繕ができていれば築60〜70年あたりまで住み続けられる頑丈な造りが多いと言われています。

RC造マンションの特徴は、木造アパートに比べて建物が大規模ですので、1物件あたりの部屋数も多くなり、物件あたりの総収入も増えて投資効率は良くなります。

その一方で、エレベーターや機械式駐車場のメンテナンス費用、共用部分の電気代、更には固定資産税が高額になるというデメリットがあります。新築〜築浅の期間であれば、定期メンテナンスを施すので何か事故に遭ってもある一定期間は、建築メーカーの保証や瑕疵担保責任保険、《注2》そして火災保険の補償でカバーすることが出来ます。

《注2》品確法（住宅の品質確保の促進等に関する法律）の施行により、事業者（建築会社・工事施工会社）は瑕疵（造成不良や設備の故障など、取引の目的である土地・建物に何らかの欠陥があること）に対する10年間の住宅瑕疵担保責任を負っています。

責任履行のために、資力確保として「①保険」もしくは「②供託」のいずれかの措置をとることが義務化されました。併せて、新築住宅の建設や販売時には資力確保の措置について、消費者（物件取得者）へ説明する義務もあります。

①保険…国土交通大臣指定の保険法人が提供する「新築住宅の保険」を利用した住宅は、引き渡し後10年以内に瑕疵があった場合、補修を行った事業者に保険金が支払われる制度です。また、住宅事業者が倒産しているなど、修補等が行えない場合、発注者・買主は保険法人に対し、瑕疵の修補などにかかる費用（保険金）を請求することができます（直接請求）。

②供託…新築住宅に瑕疵があれば、事業者は補修を行う責任がありますが、万が一その事業者が倒産した場合はこの責任を果たすことができません。このような場合に備えて、事業者が法律で定められた額の保証金をあらかじめ法務局などの供託所に預けおく制度のことです。また、事業者が倒産等で瑕疵の補修が行えない場合、消費者はそ

の補修等に必要な金額について、保証金からの還付を供託所に請求することができます（供託所への保証金の還付請求）。

ＲＣ造の場合、築15〜20年を過ぎた辺りから屋根上防水・外壁塗装などの大規模修繕が必要となり、給湯器やエアコンなどの設備更新も築10年を過ぎたあたりから発生します。排水管や配管もコンクリートの中に埋まっているので、漏水が発生した場合に広範囲に修繕しなければならないこともあります。

購入してすぐに給水ポンプやエレベーターといった、高額な設備が次々と壊れたり、給湯器も1室が壊れると翌月は別の部屋で発生するなど（家電製品と同じで、一つ壊れると同時期に設置するため次々と発生するようです）、修理費用が毎月莫大にかかってしまい、損切りせざるを得ない現実を数多く目の当たりにしてきました。

この附属設備の「故障」は、火災保険では適用できませんので、安く物件が買えても修繕費で利益を奪われることになります。

よく「築古物件は止めた方が良いですか？」とのご相談を受けますが、築古物件・土地値物件・超築古物件投資法を否定しているのではなく、リフォームやリノベーションする際に、原価に近い価格で出来るツテ、もしくは自身（セルフ）で出来る技術と知識、そういった投資法で成功している投資家仲間がいる等の条件が揃っていれば問題ないと思います。

築古物件への投資は、「古い」というリスクをカバーする知識やノウハウ、そして技術が必要不可欠なのです。

故に、初心者よりもベテラン、もしくはプロと呼ばれるレベルの投資法だと思われます。特に本業があっての不動産投資であれば、「修繕費」というのは非常にストレスとなり精神衛生上良くないですし、更には時間も奪われていくので何のために不動産投資を始めたのか釈然としていない方が実際に多くいるのも事実です。

【Q21】一つの建物に複数の保険会社の火災保険に加入することは可能でしょうか？

Ａ：可能ですが、メリットはありません。

生命保険《注1》と同じく、複数の保険会社の火災保険に加入していると、罹災時に多額の補償を受けられると思われがちですが、それは大きな間違いです。同一の建物に複数の火災保険をかけることを「重複保険」といいます。重複保険自体は、各保険会社に告知さえしていれば違法ではありません。

《注1》生命保険・医療保険・ガン保険に複数社加入していて、保険金請求事由に該当した場合、全ての保険において保険金を受け取ることが出来ます（これを定額給付といいます）。
それに対し、損害保険の場合は「実際の損害額」に応じて保険金が支払われますので、定額給付とは異なります（実損填補……保険会社が限度額の範囲内で、実際の損害額を保険金として支払うもの）。生命保険・医療保険・ガン保険は、加入していた契約件数分の保険金が受け取れますが、損害保険に関しては、複数の加入は「無駄」ということになります。

例えば、建物評価額5，000万円の収益物件に、保険金額5，000万円の火災保険2つ（合計1億円）に加入して、その物件が全焼した場合、2社の合計である1億円の保険金を受け取れるのではなく、最大でも5，000万円しか保険金を受け取れません。

！保険法

保険法第20条（重複保険）
損害保険契約によりてん補すべき損害について他の損害保険契約がこれをてん補することとなっている場合においても、保険者は、てん補損害額の全額（全条に規定する場合にあっては、同条の規定により行うべき保険給付の額の全額）について、保険給付を行う義務を負う。【任意規定】
2　二以上の損害保険契約の各保険者が行うべき保険給付の額の合計額がてん補損害額（各損害保険契約に基づいて算定したてん補損害額が異なるときは、そのうち最も高い額。以下この項において同じ）を超える場合において、保険者の一人が自己の負担部分（他の損害保険契約がないとする場合における各保険者が行うべき保険給付の額のその合計額に対する割合をてん補損害額に乗じて得た額をいう。以下この項において同じ。）を超えて保険給付を行い、これにより共同の免責を得たときは、該当保険者は、自己の負担部分を超える部分に限り、他の保険者に対し、各自の負担部分について求償権を有する。【任意規定】

日本損害保険協会HPより

つまり、2つの保険会社で2,500万円ずつの按分された保険金支払いとなるのです。それは損害保険が、自然災害や予期せぬ事故によって受けた損失を穴埋めするための保険であるため、複数の保険会社に加入していたとしても、超過した分の保険金額を受け取ることは出来ないことになっているためです。

しかし、一つの建物に対して複数の保険会社で火災保険を契約すること全てがNGという訳ではなく、

- 増改築した部分について、新たに他社の火災保険に入った場合
- 今の火災保険で不足している部分（特約など）を別の保険会社で補った場合
- 建物の火災保険と家具（家財）、もしくは、じゅう器備品の火災保険を別々の保険会社に分けて加入した場合

これらの場合は、それぞれの役割が有効にありますので「無駄な複数社加入」とはなりません。

ともあれ、保険金支払い手続きや保険料の支払いなど、様々な手続きが発生した場合を考慮すれば「必要な補償額にて、必要な特約でカバー出来ることが可能」な保険会社1社にて契約することが最も無駄もなく、望ましい加入方法と言えます。

【Q22】火災保険の満期案内が来たのですが、前回と比べると2倍以上の保険料になっていました。火災保険料は今後も値上がりし続けるのでしょうか？

Ⓐ…昨今の保険料値上げ幅や値上げ発表の間隔から推測すると、まだまだ値上げされてきそうです。

２０１２年に損害保険会社が火災保険料設定の基準となる「参考純率」の引き上げにより、２０１５年10月・２０１９年10月と２度も火災保険料は値上げされましたが、２０２０年〜２０２１年にかけて再度値上げが予定されています。

火災保険料値上げの背景には、台風や豪雨などによる風災・水災等の大規模自然災害増加《図１》と水漏れ損害・水濡れ損害《図２》による支払保険金額の増加でした。

更には、昨年（２０１９年）の台風15号・19号による損害保険会社の支払保険金額は全体で2兆円を超える可能性があると言われており、損保各社の収益性低下の要因になると指摘されています。

風水害による支払保険金の推移

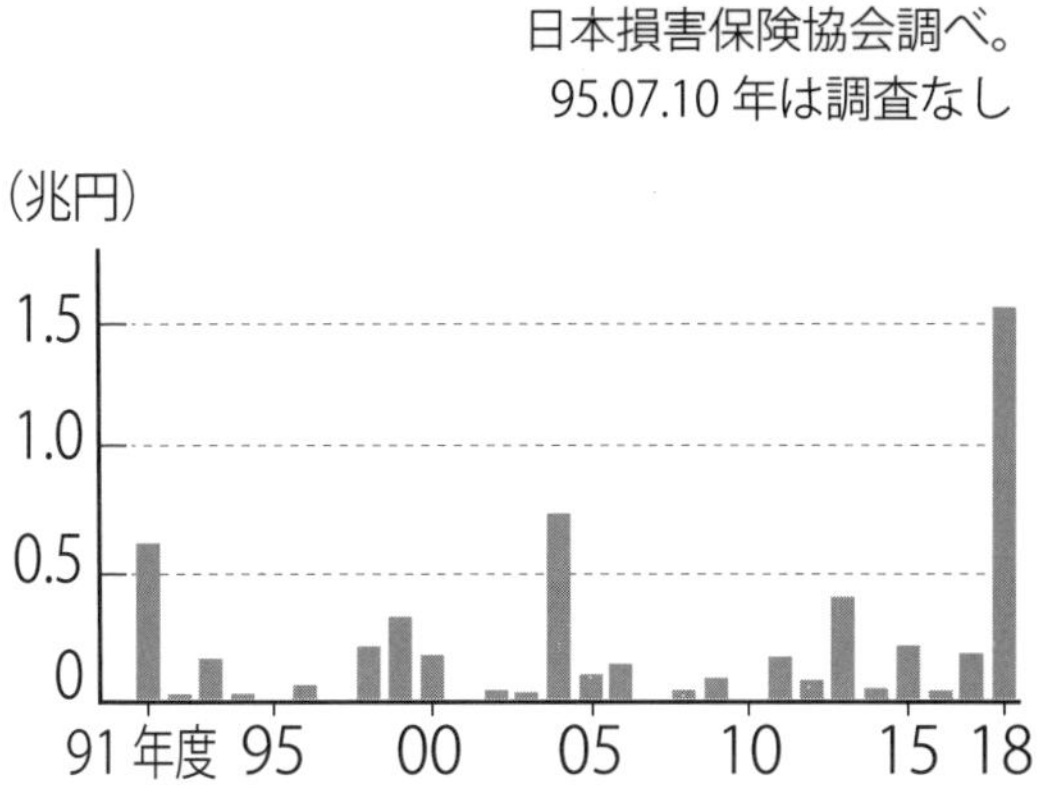

図１　日本損害保険協会のデータを基に作成

水漏れ損害による支払保険金の推移

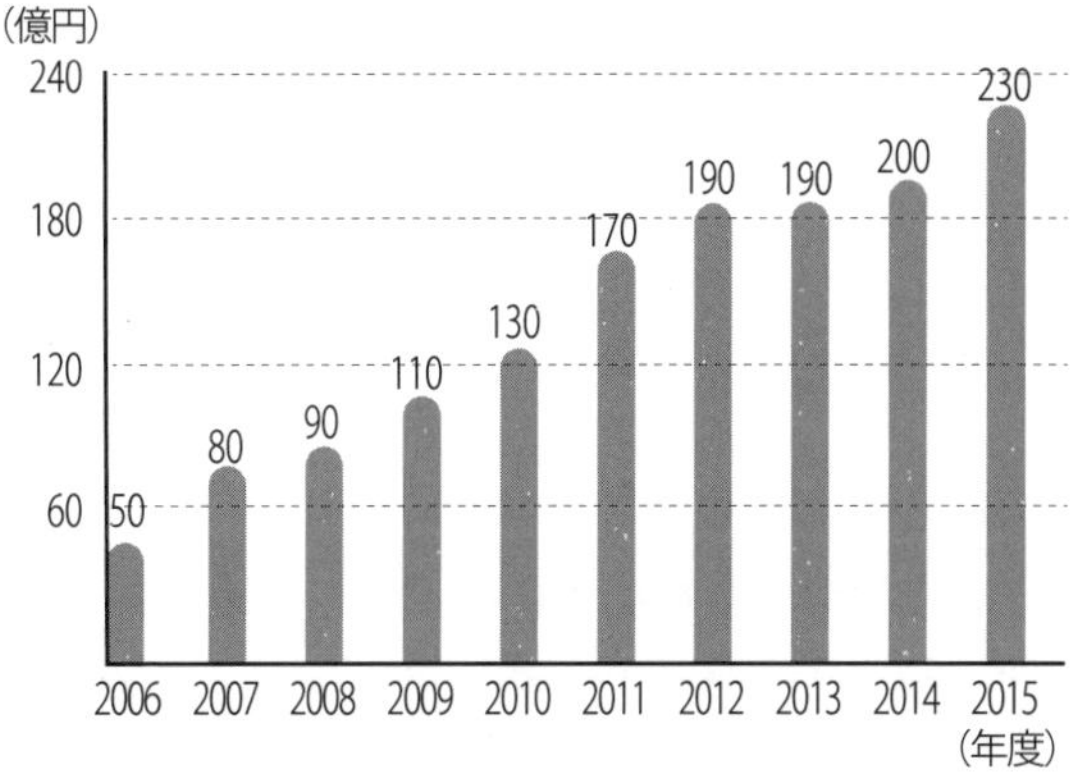

図２　損害保険算出機構データを基に作成

支払保険金の原資は契約者の保険料ですので、支払額の増加に対応し保険料も上げる必要に迫られている状況です。

前回の改訂では、ついに物件の「築年数」で保険料が大きく変わるようになりました。「築浅割引」・「築古割増」といった感じで、同じ5，000万円の収益物件でも登記簿上の「築年数」《注1》で保険料が2倍近く差が出るようになりました。

《注1》築古・超築古物件を、大規模リフォームやリノベーション（最新設備の導入など）を施しても、火災保険料はあくまでも「登記簿上の建築年月日」で保険料試算されます。したがって、今ある建物を取り壊して、新たに建て直して「登記」まで行わなければ「新築扱い」での保険料にはなりません。

こういったことからも、火災保険料は今後値下げされることはなく、ますます保険料は値上げされてくると思われます。

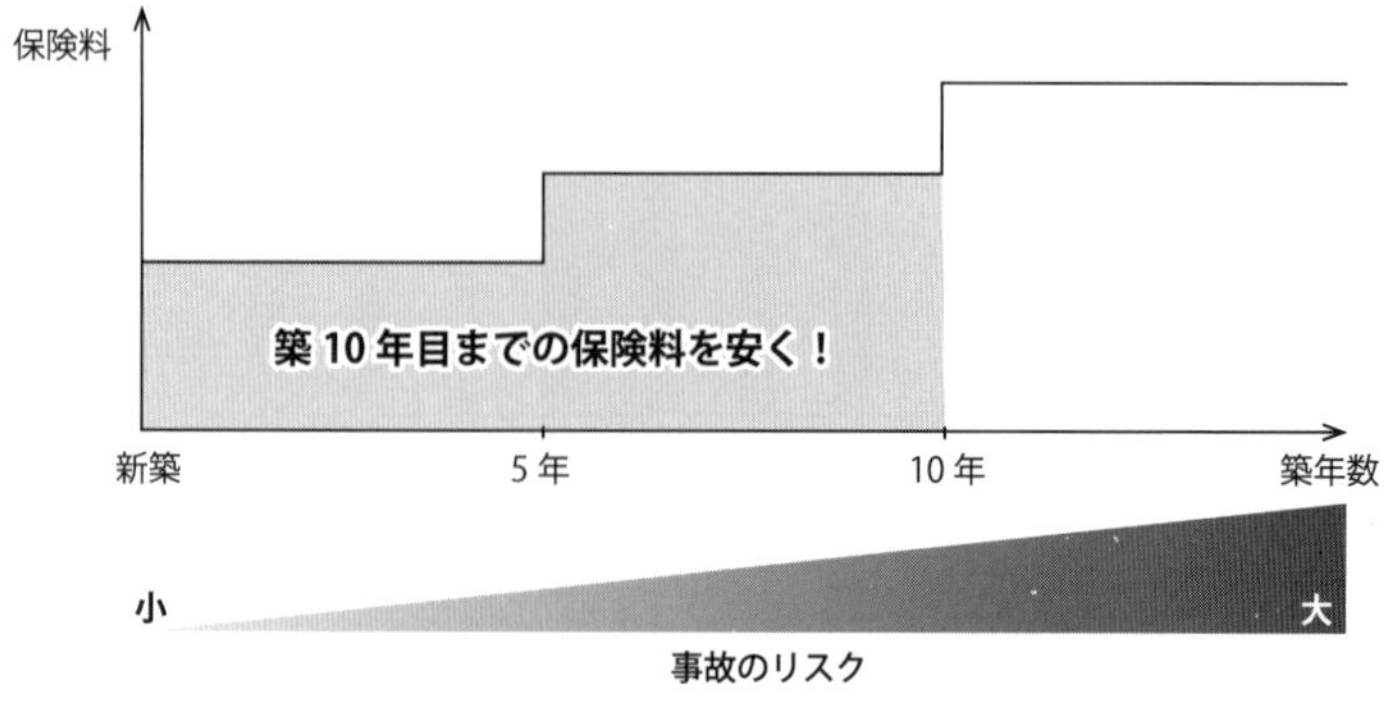

【Q23】空室を少しでも埋めるべく、外国人入居者を検討しています。オーナーが加入する火災保険では何か問題はあるのでしょうか?

Ⓐ・・オーナーが加入する「建物火災保険」としては、何も問題ありませんが「入居者用保険」は、超重要チェックポイントです。

現状、外国人労働者の推移は右肩上がりになっており、外国人が住める賃貸住宅の需要は高まっています。

しかし、外国人入居者を受け入れている賃貸住宅は少なく、労働者の増加と比べると明らかに供給が足りていませんので、空室対策としては有効なのかもしれません。

但し、文化や言語の違いによるトラブルが懸念されるので注意も必要です。

- トイレやお風呂などの設備の使い方が分からず壊してしまう
- 外国人同士が集まって夜中まで騒ぎ、近隣の住民から苦情が殺到する
- 燃えるゴミと燃えないゴミの分別が分からなかったり、決められた時間以外にゴミを捨てる
- 自分の好みに合わせて勝手に部屋の改造をしてしまう
- 土足で部屋を使用している

これらは全て言葉だけではなく生活習慣や文化、マナーなどが全く異なるために起こっている問題です。

契約時に又貸し禁止であることを説明していても、「住むところが見つからず困っている友人を助けているだけだ」と悪いこと（契約違反）をしている意識が無い人もいます。

家賃滞納トラブルについては、外国人入居者に限ったことではないものの、突然音信不通になって、家賃滞納のまま帰国していた……ということもあります。

以前、無断で「又貸し」や勝手に「シェアハウス」として複数名の外国人が住まれていて、問題が起きた時に保険適用が難航したことがありました。

それは、入居者用保険で適用されるのは「記名された契約者」なので、複数名で住まれたり、又貸しで「契約者以外の入居者」になると、賠償責任など生じた際に「責任の所在地」がハッキリしないため、保険適用が難しくなるケースが多いのです。

オーナーが加入する建物火災保険は、入居者が日本人であろうと外国人であろうと補償内容が変わることはありませんが、入居者用保険は「補償の対象が契約者だけでなく、同居人（制限人数）も対象であるかどうか」は必ずチェックしておかなければなりません。

外国人入居者を受け入れることで、いくら空室が埋まったとしても、健全な賃貸経営が出来なければ本末転倒です。

外国人入居者の管理に精通している管理会社や保証会社のサポートを利用出来る体制が整っていないと、通常以上にハードルが高めな運営方法だと思われます。

【Q24】自動車保険のように、インターネット通販型で火災保険も加入する方が保険料は安いのでしょうか？

Ａ‥融資を受けての物件購入なのか、築年数がどうなのかで異なります。

インターネットでの保険契約は大きく2つに分かれます。

・ダイレクト型

お客様がPCやスマホで保険会社のサイトにアクセスし、直接申込み手続きを行うもの。

・代理店経由型

代理店等のサイトを経由して申込み手続きを行うもの。

ダイレクト型と呼ばれるものは、保険会社が別会社でオリジナル商品[注1]を開発しており、保険代理店が介在しないため、代理店手数料や代理店維持のためのコストは不要になります。

〈注1〉東京海上・三井住友海上・損保ジャパン日本興亜の3社はいち早くネット系損保を設立または買収し分業を確立しました。

そのため人件費などの事業費も圧縮出来る業務形態であり、しかも「契約者」と「引き受けるモノ」を向こう側が選ぶこと[注2]により、保険料を安く出来るのが特徴です。

〈注2〉自動車保険であれば、大型トラックなどの業務用車両や高級スポーツカーを引き受けない。火災保険であれば、築10年超や住居として使用していない物件を引き受けないなど。

代理店経由型とは、契約自体が面談せずともインターネット申込みで完結出来ますが、既存商品の比較（一括見積りなど）であり、あくまでも「申込手続きが面談せずに出来る」というものです。したがって、保険料自体に大きな割引は適用されていません。

その結果、保険料という部分で見ると代理店経由型よりもダイレクト型と呼ばれる方が安い傾向になります。

但し、ダイレクト型はオリジナル商品・オリジナル約款の場合が多く、補償範囲や契約条件が決まっていたりします。門・塀・垣や物置・車庫・カーポート・自転車ポート等の付属建物は補償対象外であったり（オプション選択の場合も有り）、質権設定付物件は引受出来ない等の縛りがあります。

そう考えると、一概にインターネット通販型が必ずしも安いかと言えばそうでもなく、金融機関の金融集団・債務者集団割引《注3》、大手建築会社の団体契約割引、保険代理店の取得割引の方が、保険料割引率も大きく且つ補償範囲が広い場合もあります。

《注3》団体割引・団体契約とは、企業や団体などが契約者となり、該当する企業内の従業員や団体に所属される方が被保険者となるケースです。

火災保険の場合では、融資を受ける銀行や金融機関で団体契約に申し込めたり、建てたメーカー（建築会社）自体が団体契約を取り扱っていたり、保険代理店が年間成績によって得ることが出来る団体契約など、その団体によって団体割引が適応されます。

【Q25】保険会社が火災保険加入を拒んだり、更新を拒否することはあるのでしょうか？

Ⓐ：年々その傾向は強くなってきています。

２０２０年１月現在、保険会社が「築年数」によって引受規制を設けているところが増えてきました。特に「旧耐震物件」は加入出来る保険会社が限られてきているようです。

また、火災保険満期時にあまりにもロス率が高い契約は、更新を拒否しているところもあります。

例えば、契約期間中に何度も保険を使ってしまった場合が該当し、「何か遭った時のための保険」なのに、納得がいかないと思われるかも知れません。

但し、台風や水災などの自然災害によるものは、意図して出来るものではないので、これらの事故はカウントされていません。

それに対し、水漏れ事故・雨漏り事故・賠償事故・汚破損事故などは、メンテ不足や修繕不足が事故を招くことが多いので、こういった事故はカウントされています。

私のクライアントでも、契約して3年間で2回水災被害に遭われ、合計で2，500万円の保険金を受け取られましたが、こういった事故は「意図して出来る事故」では無いので、何の問題もありません。

しかし、頻繁に水漏れ事故・雨漏り事故・賠償事故によるものは保険会社としても警戒してきます。

そのため、2019年10月の保険料改訂では、新築〜築10年・築15年・築20年で保険料に差をつけるようになりました（築古になればなるほど割増されます）。

これは、現加入契約者の利益を保護するために「高すぎず」、また、保険会社の担保力を確保するために「低すぎず」、契約者間の公平を確保するために「不当に差別的であってはならない」という3つの原則に基づいているためです。

自動車保険では、次に該当するような契約者は「新規契約を拒否」、「満期更新を拒否」してくることがあります。

● 事故の多い契約者
● 1年間の契約期間中に複数の事故（2件以上など）
● ノンフリート等級の割引（割増）率が1等級…など

このノンフリート等級制度は1~20等級というランクで割引や割増が決まります。20等級が一番「割引」が多く、1等級は一番「割増」が多くなります。

原則6等級から始まって1年間無事故なら一つランクアップし（6等級→7等級）、事故があれば三つランク（6等級→3等級）がダウンします（一部例外あり）。

生命保険の死亡保険や医療保険でも、次の4つが原因で保険加入の引受が出来なかったり（謝絶）、部位不担保（身体の一部分・部位を特約の対象から外す）や割増保険料や保険金の削減及び減額されることがあります。

●現在の健康状態や過去の病歴など
●身体的なリスク
●危険職種といわれる職業のリスク
●モラルリスク

生命保険は多数の人々がそれぞれの危険度（給付が生じる可能性の程度）に見合った保険料を出し合って保障しあう制度ですので、健康状態の良くない人などが同じ条件・同じ保険料で契約することは、契約者間での公平性が保てなくなります。

火災保険は、自動車保険や生命保険と違って「事故が多いから・保険金の支払いが多いから」…という理由で、等級が下がる制度や条件付き契約制度はありませんが、自然災害以外の事故があまりにも多すぎると、次回の更新が拒否されるということはあります。

つまり、契約者がどこの損害保険会社で契約するのも自由であるのと同じように、損害保険会社や保険代理店も契約者を選択することが出来るのです。

これは、火災保険の契約引受だけに限られておらず、「築年数が古い・トラブルが異常に多い」物件は、管理会社から「管理委託契約」を断られているケースが以前よりも増えてきているように感じます。

【Q26】失火責任法とはどんな法律でしょうか?

Ⓐ:「失火(過失による火災)」の場合は、損害賠償はしなくて良い。

但し、「重大な過失の場合を除く」という法律《注1》です。

《注1》失火責任法(失火ノ責任ニ関スル法律)とは、明治32年に定められた法律です。

つまり、自分が原因の火災で周りの家に火が燃え移ってしまったとしても、「重大な過失《注2》」が無ければ隣家への賠償はしなくて良いというルールです。

《注2》「重大な過失」とは、僅かの注意をすれば容易に有害な結果を予見し、回避することが出来たのに、漫然と看過したというようなほとんど故意に近い著しい注意欠如の状態をいいます。
「重大な過失」と判断された場合は失火責任法の適用外とされており、損害賠償をしなければなりません。

それは裏を返せば「隣家の火災で自分が損害を受けても、火元からは賠償してもらえない」ということになります。

【重大な過失と判断された過去の事例】

- 天ぷら油を入れた鍋をガスコンロで加熱したまま、長時間その場を離れた間に引火した
- 電気ストーブから20㎝という距離で、洋服のかかった吊り台を放置したまま立ち去ってしまい引火した
- 石油ストーブの近くに、ガソリンの入った容器を置いていた
- 灰皿ではなく、段ボール箱にタバコの吸殻を捨てていた
- 寝タバコで引火、火災が発生した

「失火責任法」が適用されれば、火元からの賠償は望めませんので、自費での修復・再建となります。

また、重過失の裁判上の概念は年々厳しくなっており、思わぬことで重大な過失と指摘を受けることもあるかも知れませんので、火災保険やその他賠償特約（個人賠償・借家人賠償・施設賠償・類焼損害）での自己防衛策が大事になります。

【Q27】所有している住居専用物件（アパート）が火事で全焼してしまいました…。受け取る保険金の使い道は指定されるのでしょうか？

Ⓐ‥現在販売されている火災保険では「保険金の使い道」は指定されていません。《注1》

《注1》1998年の損害保険料自由化以前に加入している火災保険、新価保険特約での契約、事務所専用建物や店舗専用建物などの事業用（店舗用）火災保険では、復旧義務がある場合もあります。今回は、1998年以降に加入・居住用物件（アパート）としての回答です。

自然災害や火事によって、建物が被害を受けて完全に使用出来ない状態を「全損」と言います。

次のいずれか一つ条件を満たせば、全損と認定されます。

● 建物の全焼
● 再取得費用が保険金額を上回った場合
● 延べ床面積の80％以上が焼失または流出した場合
● 損害額が保険金額の80％を超過した場合

建物が全焼したり、水災で流されてしまい「全損」認定され、全額保険金を受け取った場合は、「その場所で・同じ建物」を必ず再建築しなければならないと思われがちです。

実は、全損として保険金が支払われても、新築や完全修復の義務はありません。

契約保険金額の80％以上の支払いがあった場合、保険金が支払われた時点で火災保険契約は終了します。

【例】5，000万円で契約していて、4，000万円以上の損害（80％）が発生した場合は、5，000万円の保険金が支払われて契約終了となります。

損害額が保険金額の80％以内の場合は「保険金額の自動復元」といって、何度事故があっても元の保険金額に戻ります（契約の有効状態が継続されます）。

つまり、全損時における保険金の使い道は指定されていないため、

●建物は再建築せず、土地も売却して保険金と土地の売却代金を合わせて、新たな場所で再スタートする。

●もう一度、その場所で建物を再建築して再スタートする。

この2つの選択が出来ることは、実はあまり知られていません……。

【Q28】地震保険の割引制度とは何でしょうか？

A：建物の免震・耐震性能に応じて地震保険料を割引く制度のことです。

そもそも地震保険は、営利を目的とせず政府と損保会社が一体となって地震被害に備えるものです。

契約条件が同じなら保険料も全社一律となっています。

また、地震保険料は建物の所在地と構造によって決められます。

地震保険には、建物の免震・耐震性能に応じた4つの割引制度があります。

下表のいずれかに該当する場合に、地震保険料に所定の割引《注1》が適用されます。

割引制度	割引の対象	割引率
建築年割引（契約開始日がH13.10.1以降）	対象建物が、昭和56年6月1日以降に新築された場合	10%
耐震等級割引（契約開始日がH13.10.1以降）	対象建物が、「住宅の品質確保の促進等に関する法律」に規定する日本住宅性能表示基準に定められた耐震等級、または、国土交通省の定める「耐震診断による耐震等級（構造躯体の倒壊等防止）の評価指針」に定められた耐震等級を有している場合	耐震等級に応じて10%から30%
免震建築物割引（契約開始日がH19.10.1以降）	対象建物が、「住宅の品質確保の促進等に関する法律」に基づく「免震建築物」である場合	30%
耐震診断割引（契約開始日がH19.10.1以降）	地方公共団体等による耐震診断または耐震改修の結果、建築基準法における耐震基準を満たす場合	10%

《注1》・地震保険の保険開始日により適用できる割引が異なります。
・地震保険の割引は、重複（併用）して適用することはできません。
・割引適用の際には、確認資料の提出が必要です。

本来は、木造でも「準耐火構造」なのに、一般の木造扱いで火災保険に加入していて、何年間も高い地震保険料を払い込んでいたというケースもありました。必ず「構造・耐震性能」を確認した上で加入するようにしましょう。

【Q29】「ペット可物件」とそうでない物件の場合、建物の火災保険料に違いはあるのでしょうか？

Ⓐ‥保険料・補償内容に違いはありません。

少子高齢化や未婚層の増加（単身化）と言った背景から、「ペットを飼いたい」というニーズは年々高まっているようです。

そうしたニーズの高まりに対応するように、賃貸情報サイトでも「ペット可物件特集」が組まれたり、ペット可物件に特化した不動産会社やペットと暮らすことを前提に「ペット共生型マンション」も建てられています。

ペット可物件のメリットとしては「空室対策」になるという点です。

「ペット可」の賃貸物件は全体の10％前後と見られており、飼いたい人のニーズに対して物件数は不足している状況ですので、空室が出た際でも早期に入居者が付く可能性は高いでしょう。

また、一度入居した後は、転居の確率が低いため空室になりにくい傾向があります。

デメリットとしては、ペット独特の臭いや鳴き声が、住民同士のトラブルの原因になるリスクや壁や床に傷を付けられたり、部屋に臭いが付いてしまったりとリフォームの費用がかさむ、共有部の定期清掃回数を増やすなどの負担増が挙げられます。

火災保険という視点では、ペットは飼い主の所有する「モノ」《注1》扱いになり、施設内でのペットによる損害は、全て飼い主の責任であり、火災保険の適用は出来ません。

《注1》ペットを公共の乗り物に乗せる時でも「受託手荷物扱い・手回り品の持ち込み扱い」です。

共有部をかじって破損させた…、植栽を掘って荒らしてしまった…などは、飼い主が全て賠償義務を負うので、敷金を多めに設定する、飼い主の賠償義務の範囲を賃貸借契約書にて明確にしておくなどの対策をしておかないとトラブルの元になります。

火災保険の「汚破損・不測かつ突発的事故」は、第三者による建物の破壊・汚損を補償する特約ですが、ペットは「第三者」には該当しないのです…。

【Q30】火災保険の契約者と建物の所有者（記名被保険者）が違う場合、保険金はどちらに支払われるのでしょうか？

Ⓐ…建物の所有者（記名被保険者）に支払われます。

事故が発生した場合、保険金を受け取る権利があるのは、基本的に保険の対象（建物）の所有者（記名被保険者）です。

したがって、保険金は契約者ではなく所有者（記名被保険者）に支払われます。

収益物件の場合、契約者と建物の所有者が異なることは無いのですが、《注1》希に相続発生時に契約時と物件所有者（記名被保険者）が異なることがあります。

その場合、所定の手続きをすることで現所有者に保険金が支払われます。

但し、融資を引いた物件購入で「質権設定」されている場合、通常、保険金は「質権者」に支払われるのが原則ですが、「質権者」の承諾を以て契約者への支払いも可能になります。

※質権設定については、P285を参照下さい。

《注1》火災保険の場合、契約者と被保険者は同一人（個人・法人問わず）であることが一般的です。
しかし、自動車保険や傷害保険などでは契約の仕方によっては、契約者と被保険者が異なる場合があります。
例えば、父親が家族全員を補償の対象として家族傷害保険を契約し、父親が保険料を支払った場合には、契約者は父親となり、被保険者は父親及び配偶者を含む家族全員となります。

また、2017 年 5 月 26 日に民法（債権法）の改正法が成立し、2020 年 4 月に施行されることになりました。改正の項目は、小さなものまで含めると合計 200 項目だそうです。新民法には、不動産の取引や契約に関する内容が多く含まれています。

不動産の売買の分野では、売主と買主との契約から引渡までの間での責任関係、賃貸（貸借）の分野については、敷金・修繕・原状回復に関する事柄が明確に規定され、この中で最も注目すべき改正部分は、「保証」に関する改正です。

改正によって、「賠償」についても現在の解釈や判断が変わる可能性があります。

（今回の内容については 2019 年 6 月時点での解説です）

自然災害による不可抗力な事故は、オーナーに賠償義務が無いといっても、「著しい老朽を放置していた」場合などは賠償義務が発生することがありますので注意が必要です。普段から管理会社や隣人より、「アンテナが不安定なので、キチンと設置し直すべき」と再三指摘を受けていたのにも関わらず、その問題を放置していてその間に事故が発生した場合は、「危険な状態を放置した過失」となり、賠償義務を負うことになります。

いつ賠償義務を負う事故があるか分からないので、日頃のメンテナンスや修繕履歴簿の保管や保存が重要になります。

そういった事故が発生し、「法律上、賠償義務が無いので関係ありません」と伝えるだけでは相手方は誠意を感じず、余計に問題がこじれてしまいますので、それを納得出来るように説明を代行してくれる加入代理店や担当者選びが重要になります。

加害者だけではなく、被害者にもなる可能性があるので、建物には火災保険、自動車には自動車保険（車両保険）といった、法律上「周りから被害を受けても文句が言えない場合」に備えて加入しておく必要があるのです。

4 column 自然災害が原因の賠償事故は、所有者に賠償義務は発生しない⁉

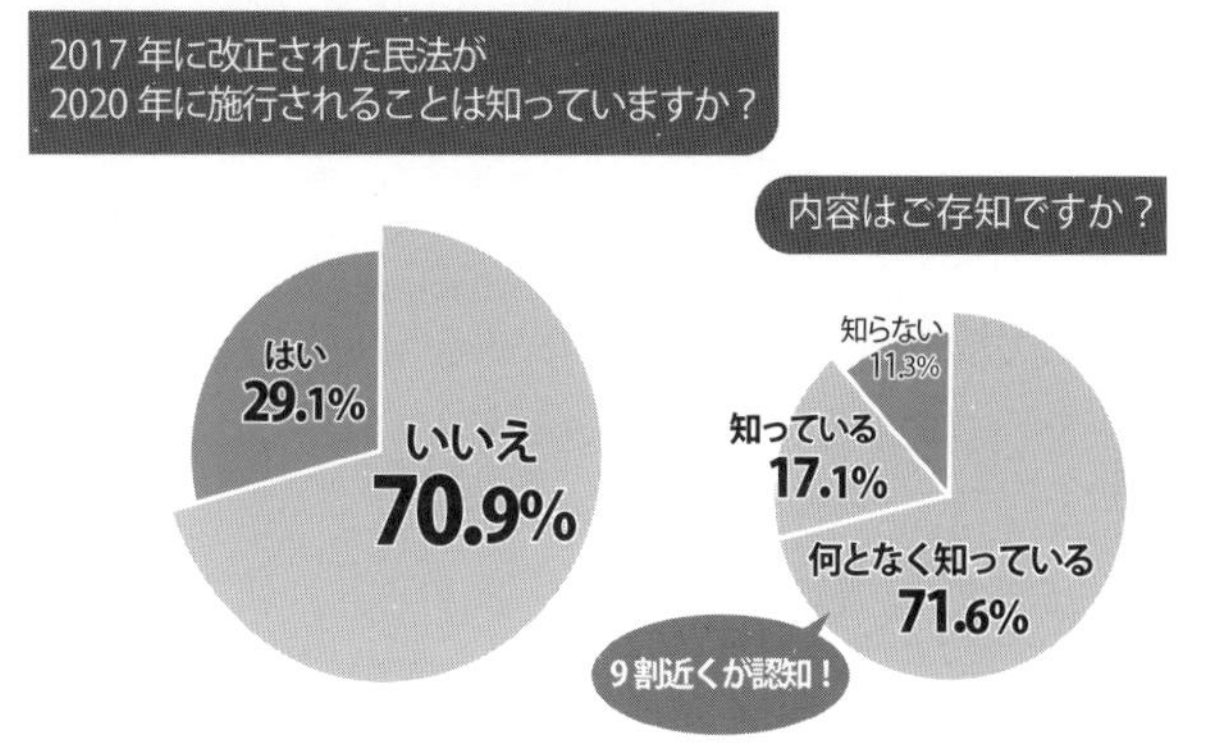

調査概要：『「民法改正」に関するアンケート』より

法律上の賠償責任は、故意か過失によって他人に損害を与えた場合に発生します。

例えば、所有している収益物件の共同アンテナが台風や強風によって吹き飛ばされ、入居者の車や隣家の建物を傷付けてしまっても、基本的に物件所有者に賠償義務は発生しません。

何故ならば、自然災害によるものは物件所有者の「故意や過失」ではないので、賠償義務も無く、保険の適用もされません。

他にも、地震によって収益物件のフェンスが倒れ、通行人が下敷きになってしまった等の場合もオーナーとしては、不可抗力な事故なので賠償義務は負いません[注1]。

《注1》旧耐震基準の建物については、この場限りではありませんので詳しくは第 1 章の「収益物件に地震保険は不要？」をご参照下さい。

設置した太陽光パネルに雪が降り積もった挙句、「落雪」によって隣家への被害や通行人への被害として起こった事故でも同じことが言えます。

5

特別対談

入居率が上がらない、管理会社の対応や管理体制などの不動産賃貸経営の悩み、築年数経過による建物設備の更新や大規模修繕、室内リフォームや室内設備更新など支出の悩み、新しい物件購入や減価償却が終わろうとしている物件売却といった戦略的な悩み、金融機関の融資の悩み、税金の悩み、相続の悩み…不動産投資家ならではの悩みは尽きることがありません。

「お金」に関すること、「不動産」に関すること、「人」に関すること、まだまだあるとは思いますが、大きく分けるとこの3つではないでしょうか？

このような悩みについて、本書では解決策として「士業の方々との連携」、「有益な情報を共有化出来る仲間の必要性」をお伝えしています。

実際の賃貸経営について「その道のスペシャリスト」４名をゲストとしてお迎えし、貴重なご意見を対談形式にてご紹介したいと思います。

① 特別対談　税理士　津山純一氏

「税務」という角度から不動産業に強い公認会計士・税理士事務所より、〝みかさ税理士法人　津山純一氏〟にお話を伺いました。

藪井：まずは、先生ご自身と御社の業務内容をご紹介頂けますか？

津山：私は、2007年に公認会計士試験に合格し、大手監査法人～税理士法人での勤務を経て、2016年に独立開業致しました。現在は不動産業に強い税理士事務所として専門性を磨きながら、多くのお客様の税務支援を行っております。

藪井：弊社と同じく、専門分野に特化しているということですね。

この本では、収益物件オーナー様へ「士業とのコネクション構築」を強くお勧めしておりますが、不動産投資における「税務処理の重要性」は、どういったところでしょうか？

津山：意外に思われるかもしれませんが、不動産投資における税務処理は複雑です。不動産投資は収益モデルやキャッシュ・フローが明確ですので、税務処理もシンプルなものというイメージをお持ちの方も多いのではないかと思います。ところが不動産投資では、法人か個人事業か、減価償却費の計算、消費税の取り扱い等、他業種と比較しても多くの局面で税務処理の選択を迫られます。

一つの税務処理の選択の誤りが、その後のキャッシュ・フローに大きく影響を及ぼす可能性もあり、また、一旦スタートしてしまうと途中で方針を修正することが難しいことから、不動産投資を行う前に税務処理をしっかりと考えておく必要があります。

藪井：具体的なポイントは、どういったところでしょうか？

津山：例えば、不動産投資をスタートする際に法人がいいのか、個人事業がいいのかを悩まれる方が多いと思います。

他業種であれば、個人事業でスタートしてある程度事業が成長した時点で「法人成り」というケースが多いのですが、不動産投資の場合、個人から法人に物件の所有を移すと不動産取得税や所有権移転登記費用、借入金の借換え費用がかかってしまいます。

このため、ご相談を頂いた場合には現在の所得状況や、将来の不動産投資の目標（棟数や取得時期）などをヒアリングさせていただき、最初の不動産投資から法人形態をお勧めする場合があります。

この他、減価償却については建物と土地の割合や、附属設備の金額によっては計算される減価償却費の金額が小さくなり、想定よりも早くデッドクロスの状態に陥ってしまったり、消費税についても還付を受けるかどうかでキャッシュ・フローが大きく変わってきます。

このように一つひとつの税務処理の選択が、キャッシュ・フローに大きく影響を及ぼす可能性がありますので、税務処理は不動産投資に詳しい税理士とよく相談して決めることが大事だと思います。

藪井：なるほど、確かに物件取得名義も個人か法人なのかは、融資を受ける金融機関の指定の場合もありますからね。それが後にどんな影響を与えてくるのか理解出来ました。ところで「消費税の還付」と言えば、以前から不動産投資では大きなテーマとなっていますが、最近の動向をもう少し詳しく教えて頂けますか？

津山：そうですね、弊社でも消費税の還付についてはよくご相談をいただきます。

消費税の還付はその名の通り、建物の建築代金として支払った消費税を確定申告により還付を受けることなのですが、どのような場合でも還付を受けられるわけではありません。

居住用の物件の賃料には消費税がかかりませんが、このような物件の場合は還付の額が支払った消費税に対して著しく小さくなることが一般的です。


それでも以前は、自動販売機を設置したりすることで消費税の還付を受けることは可能でしたが、税制改正によりそのようなスキームは次々と封じられてきました。

現在、還付を受けるためのスキームとして主流になっている、金の売買を繰り返すことにより課税売上を作る方法も、近々封じられるのではと噂になっています。

藪井：確かにタワマン節税や複数所有法人スキームなど、様々な節税策は封じ込められてきていますね。
最後に、この本のテーマである「不動産投資と火災保険」について、率直なご感想を頂けますでしょうか？

津山：税理士の立場から見ると、不動産投資では「しっかりと設計された火災保険」に加入することは、物件取得時の収支シミュレーションと同じくらい重要なものと考えていますので、火災保険にもっとスポットライトが当たらなければならないと感じています。

不動産投資は、物件の取得時点でその後の収支がある程度決まりますが、自然災害や不測の事故があるとその前提が大きく崩れてしまいます。

不動産投資の場合は、初期投資額を賃料収入で回収していくことになりますので、回収期間が永くなればなるほど必然的にリスクに晒される期間も永くなってしまいます。

この長期間付き合っていかなければならないリスクを、いかに回避するかが不動産投資では重要なのですが、このためには投資物件の特性や構造、収益物件オーナー様の所有目的を汲んだオーダーメイドの火災保険が必要ではないかと思われます。

そのためには火災保険についても、コンサルティング能力のある専門家を担当者に持つことが大事です。きっとこの本を読み終えられた読者の皆様も、同じように感じられているのではないでしょうか。

藪井：おっしゃる通り、この部分（火災保険）について、もっとフォーカスされるような意図を持って出版させて頂きました。
今回、読者の方々には税務処理の重要さも同時にお伝えできたのではないかと思います。
貴重なご意見を頂戴しまして、誠に有難うございました。

津山：こちらこそ有難うございました。

《みかさ税理士法人》
代　表：川嶋優介・津山純一
所在地：福岡県福岡市博多区古門戸町2−21　篠原ビル2階
電　話：092-282-3310
FAX：092-282-3311
URL：https:\\www.mikasa-cpa.com\

② 特別対談 司法書士 原 弘安氏

「登記」や「財産管理」といった角度から各金融機関にてセミナー講師としても活躍される〝司法書士法人 州都《しゅうと》綜合法務事務所 代表司法書士 原弘安氏〟にお話を伺いました。

藪井：まずは、先生ご自身と御社の業務内容についてご紹介頂けますか？

原 ：私は、2000年に司法書士試験に合格し、当時の司法書士会で会長を務められていた方の事務所にて、2年間大量案件及び困難案件を多数経験しました。
その後、2003年「個人事務所」として独立開業をし、2009年に現在の「司法書士法人 州都綜合法務事務所」へと法人化し、代表司法書士に就任しまして、約40名のメンバーにて事務所を運営しております。
当社は、この数年で九州では大手の法務事務所になったのですが、その背景は当社の「業務内容」にあると思っております。

この本を手に取りお読みになっている方の殆どがそうかと思いますが、「司法書士＝登記（名義変更）の仕事をする資格」というイメージがあるのではないでしょうか？

藪井：確かにそうですね。収益物件オーナー様に限らず、戸建やマンション購入時等での実需レベルでも「司法書士＝登記（名義変更）の仕事をする資格」というイメージはありますね。

原　：当然、当社も毎月沢山の不動産登記業務のご依頼を頂いております。
しかし、当社の業務内容は、相続に関する全ての手続き、相続にまつわる生前対策（遺言・家族信託・死後事務委任等）、後見業務、遺言執行業務、民事に関する訴訟手続き、法人の企業法務、顧問業務等々多岐にわたり、一度ご相談をお受けした家族の方々の人生における様々なシチュエーションで相談していただける業務を行っております。

藪井：登記だけに限らず、人が人生で必ず通るであろう道の全てに関わることが出来るということですね。
ところで、弊社では収益物件オーナー様にとって、有益な士業の先生のマッチングを推進しているのですが、御社では具体的に収益物件オーナー様にどのような関わりをしていただけるのでしょうか？

原　：当社では、最初の質問で触れました通り、オーナー様の購入された物件の登記手続きをさせて頂くのはもちろんですが、オーナー様の将来の相続に備えた生前対策や法人化のお手伝い、それに加えて、これから収益物件を通じてビジネス展開をお考えの方等へ、今後のビジネス展開についてのアドバイスといったコンサルティングも行っております。

藪井：なるほど。収益物件の購入や売却を繰り返して、資産規模が大きくなるにつれて「資産家」への道を歩んで行く訳ですから、それだけ色々な意味での「出口」について悩み事も増えるでしょうね。

原　：その通りです。当社は、沢山の事案を扱っていることから、様々なお客様の案件に対応することが可能ですし、自身が法人経営を行っておりますので、経営面での助言（アドバイス）も沢山行っております。
ちなみにですが、物件の家賃の滞納が生じればその回収業務も行います。

藪井：それは意外ですね！　御社は司法書士事務所ですよね？

原　：はい。よく言われることですが、当社では「お客様のニーズに合わせたサービス」を提供できるようチーム制を採用しており、名義変更をさせて頂いたお客様に必要な情報の提供や、お客様からの要望に応えることができるような体制を敷いております。そのため、一度当社にご依頼されたお客様は、ご本人のことや家族のこと、法人であれば法人様自身のことや、その従業員のことまでご相談されるようになります。

藪井：お客様のニーズに応える姿勢によって、お客様からお客様へとその御縁がつながっていく…、それは弊社と同じですね。
最後に、この本のテーマである「不動産投資と火災保険」について率直なご感想を頂けますでしょうか？

原　：当社も沢山のお客様からのご依頼やご相談等を御受けする中で、不動産投資の収支ばかりが気にされすぎていることを感じています。
確かに、利回り等も含めて不動産投資には必要な要素ですが、当然、不動産も歳をと

ります し、自然にも晒されます。人が利用することが前提となっている以上、何らかの事情で生じた物件の棄損を自費で補うことは、最初に購入した際の前提が大きく崩れてしまい兼ねません。

以前、当社のお客様が自然災害で物件の一部が棄損してしまった際に、多大な費用が掛かることが判明した事案がありました。

幸いそのお客様が御社の契約者だったため、十分な補償内容や迅速な事故対応によって、その費用が火災保険で賄え、そのお客様は多大な出費を免れることが出来たのです。

やはり、先ほども触れましたが、不動産投資を行っていく中で、どうしても収入面が重要視されますが、ディフェンスとして「その物件にマッチした火災保険を契約すること」が、収益物件オーナー様には不可欠であると実感しております。

藪井：貴重なご意見を頂戴しまして誠に有難うございました。

この本をお読み下さっている方々には、「司法書士の業務が何たるか」がご理解頂けたと思います。

原　：こちらこそ有難うございました。

《司法書士法人　州都総合法務事務所》
代　表：代表司法書士　原　弘安
所在地：佐賀県鳥栖市秋葉町３－18－６ＨスクエアＢＬＤ（鳥栖オフィス）
電　話：０９４２－８３－００４４
ＦＡＸ：０９４２－８３－００５４
ＵＲＬ：http:\\www.shuto-office.com\tosu\

③ 特別対談　弁護士　瓜生《うりゅう》修一氏

「不動産取引」や「賠償問題」という角度から、施設事故や企業法務が得意分野である、〝赤坂門法律事務所　弁護士　瓜生修一氏〟にお話を伺いました。

藪井：まずは先生ご自身の自己紹介をお願い致します。

瓜生：私は、大学（経済学部）を卒業し、6年間民間企業でサラリーマンをしておりました。司法試験の受験勉強のために退職し、4年後に合格しました。その後、福岡市内の法律事務所で3年間修業し、独立開業いたしました。

藪井：サラリーマン経験後に司法試験に臨むとは、珍しい経歴ですね。

瓜生：その甲斐あって、経営者に労使問題で、相手となる従業員の思考をも踏まえてアドバイスできるなど、サラリーマンの経験は大いに役立っています。

藪井：修業先の法律事務所では、どのような案件を担当されたのでしょうか？

瓜生：所長弁護士が複数の大手損害保険会社の顧問業務をされていましたので、各損害保険が絡む賠償事故（火災・自動車）に詳しくなりましたね。

藪井：保険絡みの賠償事故の対応は容易ではなかったこととお察しします。現在、開業されている事務所の特徴はどういったところでしょう？

瓜生：弊所は、所属弁護士は総勢7名（スタッフは10名）ですが、それぞれに得意分野があります。
私は、企業に関する業務をメインにしております。
具体的には、会社の顧問業務（ガバナンス・コンプライアンス・契約・新規事業に関するリーガルチェックなど）、経営者自身のプライベートな案件（相続・刑事・離婚）をメインにしております。
また、ライフワークとして交通事故の被害者救済に取り組んでいます。

藪井：弊社でのクライアント（不動産の賃貸事業経営者）も法人設立されている方（起業家・事業家）が多いのですが、不動産ではどのような経緯で関与されるのでしょうか？

瓜生：顧問先や紹介案件を通じて関与しています。不動産業や建築業の顧問弁護士をしており、家賃保証会社からの紹介案件も多数担当しています。

藪井：具体的にはどのような？

瓜生：家賃滞納後の建物明渡請求、不動産取引・請負契約における瑕疵の問題、管理不動産における賠償問題の弁護活動です。

藪井：それは不動産投資家にとっては心強い活動内容ですね。賃貸経営事業者の皆さんへ何かアドバイスはありますか？

瓜生：3つあります。「損して得取れ」「備えあれば憂いなし」「餅は餅屋」です。

藪井：その3ついて、詳しく教えて頂けないでしょうか？

瓜生：まず、「損して得取れ」とは、目先の利益を失ってでも、大局的な利益を求めて欲しいという意味です。

以前、商業ビル所有オーナー様から、家賃を滞納しているテナントに対する相談を受けた際に、私は滞納したテナントに「引越し費用を渡して2週間以内に退去させましょう」とアドバイスをしました。

当初、オーナー様は滞納家賃だけでも百万円を超えていましたので、納得がいかない様子でした。

家賃も滞納されている上に何故引越し代まで…みたいな。

仮に裁判手続を利用すると最低でも3～4ヶ月（場合によっては半年以上）を要すること、その期間は新しいテナントを入れることが出来ないこと、弁護士費用も嵩《かさ》むこと、トータルで考えると転居費用の負担は新しいテナントからの収益で相殺したとも評価できることなどを説明しました。

そのオーナー様は合理的な思考をされる方でしたので、最終的にはご納得いただき、12日間で退去させることができ、交渉開始から1ヶ月半後には、新しいテナントとの契約が締結できました。結果として損害を最小限に抑えることができたのです。

藪井：なるほど。不動産投資において「大局的な視点が大事であること」を再認識できる事例ですね。

瓜生：次は、「備えあれば憂いなし」です。火災保険及び、その特約で万一に備えることも重要です。

これは後で詳細にお伝えします。

今度の民法改正により、連帯保証人の責任範囲などで難しい問題が生じる可能性がありますので、家賃滞納に備えて、条件が合えば家賃保証会社の利用をお勧めします。どのように家賃回収を保全するのか、重要な問題です。

また、管理物件が増えてくればトラブルも増加しますので、顧問弁護士との契約も検討いただきたいですね。

それは「餅は餅屋」にも関連するのですが…。

藪井：確かに今度の民法改正では、敷金返還や原状回復の明文化・連帯保証人の保護や情報提供義務など、不動産に関連する項目が多く改正されるようですね。
では、先ほどの「餅は餅屋」と言いますと？

瓜生：まず、紛争(餅)は、紛争解決のプロである弁護士(餅屋)に任せて欲しいということです。
我々弁護士は、紛争解決のプロです。平たくいえば、依頼人の代理人として喧嘩をする用心棒のようなものです。
投資家は「投資のプロ」ですが、例えば「反社会勢力や悪質なクレーマーへの対応等」については当然のことながら「素人」です。

このような相手方への対応を投資家自身が行うと、精神的に疲弊し、時には体調を崩すこともあります。健康を損なってまで投資物件に関する業務を行うことは本末転倒です。

紛争解決は弁護士に任せて、投資業や本業の経営に注力いただきたいと考えています。

特に反社会的勢力とは、交渉をすること自体がＮＧです。

この物件は「ごね得」が通用する、と思われること自体が大きなマイナスになりますし、その後の不動産運用に多大な悪影響があるからです。

この場合には、裁判手続を利用しての解決や時には警察との連携も必要になります。


藪井：実は以前、本業（サラリーマン）と不動産投資を行っていたオーナー様がそういった物件事故に遭い、精神的な病気になって本業も辞めざるを得なくなり、不動産投資から撤退した方もいらっしゃいました…。

物件自体は、購入価格よりも大幅に下げて損切りして手仕舞いしたのですが…

後から分かったことで、その物件欲しさに「反社」がワザと入居してトラブルを拡大させていたのです。

確かに紛争やトラブルを抱えたままだと精神衛生上良くないですし、「自身で解決する」というのは、投資判断や経営判断が鈍るという悪影響しかないでしょうね。

瓜生：次に、保険金の請求は「餅屋」である火災保険専門店…
つまり御社のような保険代理店に任せた方が良いということもお伝えしたいですね。

藪井：有難うございます。しかし、その根拠は？

瓜生：新聞報道などでご存知かもしれませんが、例えば台風や水災・地震などの大規模自然災害の後、火災保険金の請求代行を行う悪徳な業者が跋扈《ばっこ》しているのです。

藪井：そういった請求代行は、やはり法的に問題になりますか？

瓜生：当然です。物件の損傷箇所の内、自然災害ではない原因で損傷した箇所を請求に加える、修理業者と結託して修理代を過大に請求し、その何割かをキックバックするなどのスキームが代表的です。
これに関与した場合、オーナー様自体も詐欺罪などの共犯になりえるのです。

藪井：刑事事件ということでしょうか？

瓜生：そうです。ですので、投資家（オーナー）は、保険金の請求にあたっては、請求代行業者（コンサルタントを名乗るケースも多い）の甘言には耳を貸さずに、保険のプロである代理店、しかも専門分野に特化した代理店を頼るべきなのです。

これは「弁護士選び」でも同じことが言えます。

藪井：確かに。本書のタイトル「不動産投資と火災保険」へのコメントもお願いします。

瓜生：一言でいえば、「備えあれば憂いなし」の王道です。

火災保険には、様々な特約があると思います。

その中でも、施設賠償責任保険（建物賠償責任保険）・弁護士費用特約は、弁護士としての経験上、非常に重要であると考えます。

所有する不動産が増えるにつれ、不動産への関与者も増加しますので、それに伴い施設の瑕疵や管理に起因した事故のリスクも高まります。その賠償リスクを回避するために施設賠償責任保険（建物賠償責任保険）が必須であると考えます。

賠償責任に関する保険は、投資家が万一加害者になってしまった場合、弁護士費用特約は、逆に被害者になってしまった場合に有用になります。

実はこの特約、特約として単体付帯するパターンと施設賠償に自動付帯されているパターンがありますので、これらを理解している代理店から加入すべきですね。

保険会社はともかく、保険代理店（販売店）が弁護士も含め、士業の方々との密なコネクションを持っていることはほぼありません。そう考えると、御社の持っているコネクションはオーナー様にとって大変心強いのではないでしょうか。

藪井：その「不動産投資における弁護士とのコネクション」の必要性をどのようにお考えでしょうか？

瓜生：投資家は経営者であることも多く、これらに共通する点は、「孤独である」ということです。

投資判断も経営判断も、最終的には独りで行うことになります。

ただ、その時に、その重圧の一部を法的な立場からお伝えすることにより、一緒に背負うことができるのが、我々「弁護士」だと思っています。

万一、紛争に巻き込まれた場合には、心強い用心棒にもなりますし、是非お守り代わりとして、弁護士とのコネクションを積極的にもっていただきたいと思います。

藪井：貴重なご意見を有難うございました。

読者の皆様には、賃貸経営事業における「弁護士」との関わりの重要性がお伝えできたのではないかと思います。

瓜生：こちらこそ、このような機会を与えていただき、感謝しております。

《赤坂門法律事務所（福岡事務所）》

所在地：福岡県福岡市中央区舞鶴2－2－11　富士ビル赤坂6階

電　話：092－717－8200

URL：https:\\akm-law.jp\

④

特別対談　不動産投資家　野中周二氏

不動産投資をブランディング戦略にて取り組んでおられ、福岡を代表する投資家である、〝パースペクティブ・アール・イー合同会社　代表　野中周二氏〟にお話を伺いました。

藪井：FC2ブログにて『野中周二の福岡不動産投資記録』や、その他メディアにも多数出演されている野中さんですが、そのきっかけであるブログを始められた理由を改めてお聞かせ頂けますか？

野中：私がブログを書き始めたのは2014年1月からです。ブログを始めた理由は、自分の自己成長と不動産投資・賃貸事業の歩みを記そうと思ったからです。

また、ブログを通して信頼出来る仲間たちとの出会いもあり、様々な活動やイベント運営も行えるようになりました。「人の役に立つこと」が私たちには出来るという可能性を認識した事で、大きな心境の変化を感じました。

藪井：野中さんのブログは瞬く間に拡散されましたが、ある時期からメディアにもたくさん出演されるようになりましたよね。

野中：メディアに出るようになったのは、実はハッキリとした理由がありまして……。

サラリーマンを卒業して兼業ではなく、本業として不動産投資を行う上で、自分自身の将来にとって、「何を目的」にすることが良いことなのかを考えた結果、

①所有法人の企業価値を高めること
②賃貸業界・不動産業界への影響力を持つこと

この2つが「事業の目的」にふさわしいと定義したことにあります。

ですので、ブログ、フェイスブック、様々な不動産投資メディア、雑誌、賃貸住宅フェアセミナーの講師などを引き受けることを通して、自社ブランドのロゴを露出し、経営する私自身の法人の価値に繋がるような仕事（講師依頼や取材）だけを受けるように心がけています。

藪井：急なメディアへの出演は、そういった根拠があったのですね。現在の不動産投資の状況（物件価格・融資状況など）を踏まえて、不動産投資家と呼ばれる方々の様々な考え方や投資法があると思いますが、野中さんは現状をどうお考えでしょうか？

野中：現状の不動産投資業界は「3極化」していると私は分析しています。

1：異業種の資産家や余剰資金が潤沢にある企業が、賃貸事業を用いて資産形成、事業参入を行う

2：土地建物を相続で保有している人、それを活かして拡大する人・しない人

3：サラリーマン投資家・個人投資家としてこの事業に参入する人

その中で、本書籍に最もピッタリだと思われる「3」の投資家が激増しましたが、現在は融資情勢・建築費高騰・土地高騰などもあり、ローリスク築古の戸建再生（現金購入）、新築木造アパート（担保評価が出やすい）などは適していると判断します。

過熱時期は過ぎましたから、堅実・誠実・真面目・謙虚・配慮の5大要素を持ち、経営者思考が出来る「資質の高い方」が本当の意味で成功体験を積める……、そのような時期に突入したのではないでしょうか。

ちゃんと自分で考えられる人、誠実な人だけがしっかり経営出来ると強く思いますね。


先述「1・2」の方々におかれましても、属性を背景にと言う側面はあるでしょうが、基本的には共同担保・預金担保・自己資金などを求められます。

しかし、その根底にあるものは「人ありき」だと思っています。様々な金融機関の方々ともお話させてもらっていますが、これは共通認識でしたので、間違いないでしょう。

これまでの融資情勢は、担保評価・収益率・金融機関都合で、多くの「資質不足の投資家」に貸し出しを行ってきていましたが、これからは本物(資質の高い方)だけが残って行くものと感じています。

藪井：ご指摘の通りここ数年、私が現場で感じることが最も多かったのは、色々な意味で「勘違いした投資家が増えた」ことなのです。

野中：物件を複数棟持っただけで、威張ったり、強がったり、横柄になったり……、金融機関はそのような人の資質を見抜きますし、調査力もありますので、融資枠が伸びなくなっていくのは、自分のせいだと言うことも理解出来ていない残念な人が今でも沢山いますね。

不正融資も問題になりましたが、色々な悪質なスキームを利用し、自分都合の勝手な言い訳や他人のせいにする方もおられ、正しく不動産投資・賃貸経営を運営している人が、そういった方々と一緒にされるのはナンセンスだと思います。

藪井：今までは金融機関も「見て見ぬフリ」的なところがあったと思いますが、これからはそうはいかないでしょうね。

野中：その通りですね。これからは「人の資質」ありきで、融資も経営も上手く行くと判断していますし、有益な情報・物件・協力者も増えて行きますから。

故に「勘違いしないこと」、これは私も常に強く思っている事柄です。

藪井：最後に、この本のテーマである「不動産投資と火災保険」について率直なご感想を頂けますか？

野中：不動産経営は「自己責任」という認識は当然ですが、賃貸経営というのは、建物環境を通して「人様を幸せにすること」、つまり住居を提供し、更には豊かな暮らしを提供することが本質だと私は考えています。

その中でお金に走り、誤った価値観で経営されている人があまりにも多過ぎて残念な気持ちになることが多いです。

火災保険は、それらに住まわれる方、私たち賃貸経営者が最も守らなければならない人たちへの保険でもあります。

建物で人様の命を預かる「使命」があり、その最大のサポートが火災保険だと思います。

本書は、向上心ある投資家の方に必ず一冊、バイブルとして持っておいて欲しいと感じる内容でした。

これほど、赤裸々に業界のことや保険の中身・特性・効力、何か起きたときへの対処含め、理解しやすいものは初めてです。

先ほど申しました「必ず一冊」と矛盾するようですが、恐らく「読者を選ぶ」本でもあると私は推測します。

今回の出版は、私にとっては大変ありがたいものであり、御社との出会いも賃貸経営において、企業価値向上に必須な状況です。

今後も、そして一生よろしくお願いいたします。

藪井：賞賛のご感想、そして貴重なお話を頂戴しまして、誠に有難うございました！
こちらこそ、今後とも宜しくお願い致します。

※野中さんが不動産投資を始められたきっかけや現在の所有物件については、ブログ「野中周二の福岡不動産投資記録」で公開されていますので、今回の対談では割愛させて頂きました。

《パースペクティブ・アール・イー合同会社》
代　表：野中　周二
所在地：福岡県福津市宮司浜2丁目35－25　イーヴォ　マテリア　G号室
URL：https:\\perspective-re.co.jp

5 column 収益物件における「割れ窓理論」とは？

「割れ窓理論」とは、ブロークンウインドウ理論ともいい、小さな不正を徹底的に正すことで、大きな不正を防ぐことができるという環境犯罪学の理論です。

「割れた窓を放置していると他の窓も割られやすくなり、割れた窓を放置せず直ぐに修理しておけば、次に窓が破られることはない。
ゴミだらけのところにはゴミが捨てられやすく、ホコリひとつなくキレイに維持されている場所を汚すのは気が引ける…というものです。

この「割れ窓理論」は、不動産賃貸経営にも当てはまるのではないかと思います。

日々のメンテナンスや清掃の怠り、ゴミの分別や放置自転車の整理、共用廊下や階段への私物放置、ペット飼育不可の賃貸住宅での「こっそり飼育」、自然災害などで被災した箇所を長期間放置など、関連することはたくさんあります。

「割れ窓理論」はあくまで犯罪学の分野で提唱されているものであり、科学的に証明されているわけではないのですが、割れ窓理論を応用して物件を清潔に保とうとすることは悪いことではありません。

物件が清潔なのは、入居者にとってもオーナーにとっても気持ちよく、双方に利益があると言えます。

6 column 「保障・補償・保証」意味と用法の違いは？

保険のパンフレットなどに記載されている「保障・補償・保証」…。

全て読み方は同じ「ほしょう」ですが、漢字も意味も異なり、どの場面でどれが用いられるかには決まりがあります。

実は、生命保険では「保障」、損害保険では「補償」という使い分けをしています。

生命保険や医療保険、がん保険などを説明・解説する時の「保障」は、「保護する・守る」といった意味合いがあり、死亡した場合や病気・ケガなどによって入院した場合に受け取る保険金は、本人やその家族を「保護するため」のものなので、「保障」という漢字が使われます。

また、「補償」という漢字には「損失を補う」という意味があります。

そのため、損害を受けた場合や相手に対して損害賠償を負った場合に保険金を受け取れる保険である損害保険を説明・解説する時に使われます。

「補償内容」や「補償範囲」という言葉で表記され、「自然災害や日常生活に潜むリスクに対し、どうやって補うのか？ どうやって償うのか？」という意味があります。

最後に「保証」ですが、家電などを購入した時に添えられている保証書などに用いられていますが、保証には「証し・約束」という意味があります。

つまり、「間違いない・大丈夫」などと責任を持って認める時に使われるので、生命保険や損害保険の説明・解説する時には、「保証」という漢字が使用されることはありません。

※年金制度は「老後の生活は大丈夫ですよ」という証を守るためのものなので、年金関係では「保証」という漢字が用いられています。

6

我々のポリシー&ルール

この章では「ピットサポート株式会社」について、ご紹介させて頂きます。

弊社は、物件所在地（建設・建築場所）が沖縄県を除く九州地区限定の火災保険専門店であり、収益物件専門事業、戸建専門事業、マンション区分所有及び専有部通販事業といった、契約引受について3部門にて構成されています。

２０１９年6月現在、福岡市博多区にオフィスを構え、九州地区を7名の社員で運営しており、それぞれ専門分野の担当にて火災保険加入手続き・保険金請求手続きを行っております。

また、保険募集のみならず、火災保険募集業務を廃業される建築業者様・不動産販売仲介業者様の募集業務のアウトソーシング依頼も引き受けており、保険販売代理店コンサルティング業務も請け負っております。

通常、保険代理店・保険販売店というと、自動車保険や生命保険等といった色々な種目の生損各保険種類、そして数多くの保険会社を取り扱っているイメージがあると思います。

その中で弊社は取扱商品が「火災保険のみ」で、お引受け対象地域も沖縄県を除く「九州地区限定」（福岡・佐賀・長崎・大分・熊本・宮崎・鹿児島）といった特殊な保険代理店（保険販売店）です。そのため、オーナー様が九州在住でも購入する物件の所在地が九州地区以外の場合、お引受けしておりません。九州県内であればお引受けさせて頂いております。

これは、万が一の罹災時に素早く対応するためで、九州地区だと保険金請求手続きにあたって九州全県の各社事故処理センターと素早い連携が可能ですが、九州以外だとその連携が密に取れないためであり、ご契約後のアフターメンテナンスを優先した結果とご理解頂けますと幸いです。ご契約者様・クライアント様は、どの「保険」にも限らず、「契約時」よりも「契約した後」のアフターサービスを強く望んでおられますので、無理なく迅速に対応出来るよう地域を限定させて頂いております。

また、「火災保険」と言っても様々な種類があります。

● レジデンス（居住用）物件……アパート1棟／賃貸戸建／マンション区分所有
● 工場や店舗などの一般物件……店舗・ホテル等の商業施設／病院・学校等の施設／ガレージや倉庫等

弊社のお引受け対象物件は、レジデンス（居住用）物件《注1》のみです。同じ火災保険でも、工場や店舗などの一般物件《注2》・商業ビル施設・福祉施設、ガレージや大型倉庫・テナント保険・入居者用家財保険の取扱はございません。

《注1》居住用でも不特定多数の出入りが多いシェアハウス系、宿泊系（民泊施設など）は旅館業・観光業に該当し、お引受けが出来ません。

《注2》1F部分が店舗で、2F以上が共同住宅もしくは1F部分が店舗、2Fが個人住宅であれば併用住宅として引受け可能です。
建物の一部に「居住用」部分があればレジデンス（居住用）物件と見なします。

更には、レジデンス（居住用）物件でも「築年数」での引受け基準があり（旧耐震基準物件含む）、新築〜築20年まで《注3》が弊社のお引受け対象物件となっております。

《注3》築20年以上経過すると「経年劣化」として判定されやすくなり、火災保険の役割は新築・築浅に比べると低下してきます（定期的メンテナンスや修繕履歴の実績があれば問題ありません）。
現在、保険業界では金融庁の指導により、保険契約内容等についての「情報提供義務」が課せられており、その中でも「保険金が出ない場合の説明」、そして「契約者にとって不利益な情報」の情報提供をしなければならなくなりました。
そのため、弊社ではお引受け自体は築20年迄ですが、築15年からは契約時にご了承の元、「免責事由の同意書」なるものを申込書とは別に取付させて頂いております。

これは、各保険会社によって保険料改訂の都度「築年数」に応じて料率を変えてきているこ と、引受け自体に規制をかけてきているためです。昨今の自然災害の増加は、地球温暖化が原因と言われている通り、現在世界各地で毎年、極端な気象現象（地震も含む）が起きています。日本でも極端な気象現象によって、火災保険金の支払いが年々増え続けている状況です。

国内の風水災等による支払い保険金（業界全体）

2018年度は、7月の西日本豪雨や9月の台風21号・24号など、大型の自然災害が複数発生

業界全体の風水災等による支払保険金は、過去最大となる見込み

主な風水災等による年度別支払保険金

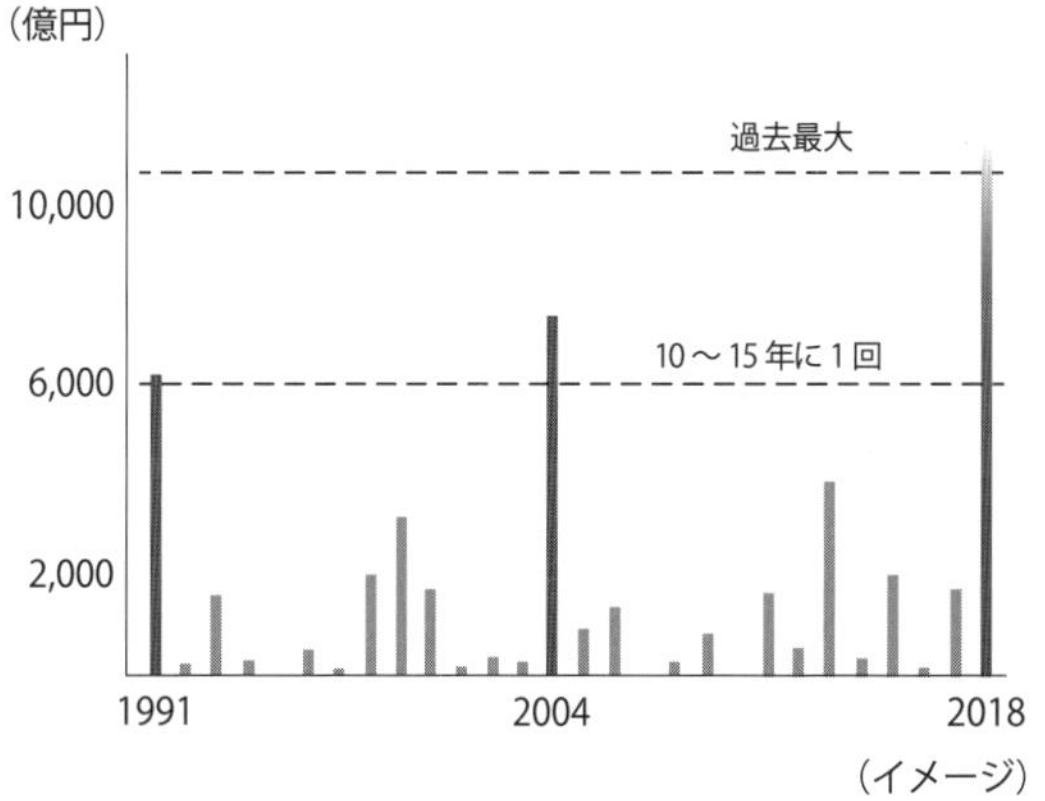

出典　1991-2017 日本損害保険協会

地震保険金の支払い額

	地震名等	支払保険金（支払契約件数）
1	東日本大震災（2011年3月11日）	1兆3113億円（84万5884件）
2	熊本震災（2016年4月14日）	3753億円（20万0029件）
3	阪神・淡路大震災（1995年1月17日）	783億円（6万5427件）
4	宮城県沖地震（2011年4月7日）	324億円（3万1005件）
5	福岡県西方沖地震（2005年3月20日）	170億円（2万2066件）

※日本地震再保険株式会社調べ（2017年3月末時点）

このロス・レシオ《注4》の上昇により、火災保険料も「値上げ《注5》」されています。特に地震については、耐震基準により損害が大きく変わりますので、保険会社としては、「旧耐震基準の建物」や「築年数」によって保険料の差をつけたり、引受け自体に規制を設けたりするようになりました。今後、築古物件購入の際には、火災保険を引受け出来る保険会社があるかどうかも事前に確認しておく必要があります。

《注4》ロス・レシオとは、損害保険で使われる用語で「損害率」とも呼ばれ、収入保険料に対して支払った保険金の割合のことをいいます。

《注5》2015年10月、2019年10月と二度にわたり火災保険料は値上げされましたが、2020〜2021年にも再度値上げされます。

そういった業界の動向や、世界規模で発生している異常気象による損害発生率が高まっている状況下で、お客様が保険代理店・保険担当者に求めているものが二極化しています。

● 「様々な保険種類を幅広く取扱うマスなサービス」

●「幅は狭いが単種目を専門的に深くニッチなサービス」

収益物件の火災保険という特性上、この保険を必要とするお客様は、収益にも関わることなので、「特化した知識」と「専門的な提案」を望まれています。

火災保険の中でも、弊社がレジデンス物件（居住用）のみならず、築年数・地域を絞り込む理由は、此処にあるのです。貸倉庫やコインランドリー、事業用物件を建築してテナントとして貸し出すのも「収益物件」にはなりますが、レジデンス物件（居住用）とは同じ火災保険でも種類が異なります。

種類が異なるということは、各保険会社によって約款や規定も変わるということでもあり、専門店である我々でも全てを網羅・精通・熟知することはもはや不可能なほどに保険そのものが複雑化されています。

その結果、弊社では取扱保険会社も絞り、更には取扱保険種目も絞っているのです。保険会社も得意分野・不得意分野（築年数や構造により付帯出来る特約が異なったり、支払方法・保険期間等が違います）があるので、レジデンス物件（居住用）が得意な保険会社にて取り揃えております。

保険募集スタイルも火災保険は「金融商品」であるため、派手な宣伝や積極的な勧誘は行うことが出来ず、不当な方法で自社商品を優位に見せるのは（派手な宣伝広告や他社との比較等）、保険業法第300条《注6》によって禁止されています。

《注6》●不当な乗換行為の禁止（保険業法第300条第1項第4号）
顧客に不利益となる事実を告げず、既契約を消滅させ新たな保険契約を申し込ませる行為
●誤解を招く比較説明の禁止（保険業法第300条第1項第6号）
顧客に対して他の保険契約との比較で、保険契約者等に誤解させるおそれのある比較表示や説明を行う行為
●断定的判断の提供の禁止（保険業法第300条第1項第7号）
不確実な事項の断定的判断・誤解されるような発言、それを資料に作成して提示する行為
●他社に対する誹謗・中傷等の行為の禁止
（保険業法第300条第1項第9号、施行規則第234条第1項第4号）
顧客に対して他の保険会社を誹謗・中傷の目的で信用・支払能力等について、その劣後性を不当に強調するような行為

●信用・支払能力の不当表示の禁止
（保険業法第300条第1項第9号、施行規則第234条第1項第4号）
保険会社の信用・支払能力等について、顧客に誤解させるおそれのある表示等をする行為

つまり、「どこよりも安い！」「○社よりお得！」「○割引にてご提供！」など公示することが出来ません。掲載出来る内容が条項によって規制されていますので、自然と当たり障りのないようなホームページや資料になってしまいます。

また、昨今の保険募集に対するコンプライアンスは年々厳しく監視されています。平成26年に保険業法が改正され（平成26年5月30日公布）、平成28年5月29日に施行されました。改正保険業法施行以前は、保険会社に対して体制整備義務が課されていました。体制整備義務とは、その名の通り保険会社が保険代理店を管理・指導することで体制を整備するというものです。

しかし、改正保険業法の施行によって、保険募集人自身にも体制整備が義務付けられるようになりました。体制の整備の方法は、保険代理店の規模（個人代理店・法人代理店）、

そして一社専属か乗合か《注7》によって分けられます。

《注7》乗合代理店とは、複数（2社以上）の保険会社と代理店契約を結んでいる保険代理店のことを言います。これに対して、一社の保険会社と代理店契約を結んでいる保険代理店のことを専属代理店、もしくは一社専属代理店と言います。
ピットサポート株式会社は、法人・乗合代理店の位置付けです。

弊社の場合、不特定多数の店頭募集（来店型）やホームページによる契約募集・集客は行っておりませんので、ホームページに関しては「九州地区限定」「火災保険専門店」だけお伝え出来れば充分と考えております。そのため派手さはなく、逆に「地味」に感じるかもしれません。

飛び込み訪問営業やテレアポ営業、HPやチラシ・DMなどでランダムに集客せず、弊社では現契約者のご紹介、業務提携先・金融機関からのご依頼案件しかお引受けしておりません。
そのため、弊社の契約クオリティー（契約者属性・契約内容の質）、体制整備についても、定期的に行われる監査において「満点成績」と業務品質共に各取扱保険会社より高く評価されております。

元より保険業界は他の業種と違って特殊性があり、「自ら加入したい」というお客様は敬遠傾向です。保険販売代理店及び担当者はアンダーライティング（保険引受基準）に沿って保険募集を行うのですが、その際にモラルリスク《注8》《注9》を排除することが重要となります。

《注8》危険度の高いリスクに対して保険に加入する傾向が強いこと、または危険度が高い物件だけを選択して契約すること……これを「逆選択」といいます。

《注9》損害保険契約には、放火による保険金詐取を目的とするなどの道徳的節度の欠如により危険が高まる「モラルハザード」や、保険に加入したことによって事故防止意識が欠如する「心理的ハザード」が潜在しています。これらの契約選択が無いと「大数の法則」や「公平の原則」が正常に働かず、保険料率の引き上げ等により、一般の保険契約者の保険料負担増へとつながります（次ページ図参照）。

融資実行日、もしくは引渡日（所有権移転される日）によって、加入期限が決まる火災保険加入手続きが主たる業務になりますが、生命保険や他の保険と違って何度も面談する必要がありません。これは、保険金額の調整や特約選定などの作業が不要なためです。保険金額は建物価格《注10》、構造については登記簿や確認済証等にて物件情報が事前に入手出来ます。

「大数の法則」により、事故や災害の発生確率を導き出します。

大数の法則とは？

サイコロを振って１の目が出るかは偶然ですが、振る回数を増やすとその確率は６分の１に近づきます。このように確率が一定値に近づくことを「大数の法則」といいます。事故の発生確率を出す時も、数件の事故率でなく、多くの事故データを分析することによって発生確率を予測できるようになります。

「公平の原則」により、発生確率の高低にあわせて保険料が決まります。

公平の原則とは？

「事故の確率が高い人には高い保険料、確率が低い人には低い保険料」というように、皆が平等になるようにしているのが、「公平の原則」です。たとえば、「鉄筋コンクリート造の住宅」の方が、「木造住宅」よりも火事で燃えにくいので、保険料が低く設定されます。

「収支相等の原則」により、保険料の総額と保険金の総額を等しくしています。

収支相等の原則とは？

保険契約者から集めた保険料の総額（収入）と、保険会社が支払う保険金の総額（支出）を等しくし、妥当な保険料水準になるようにしているのが「収支相等の原則」です。

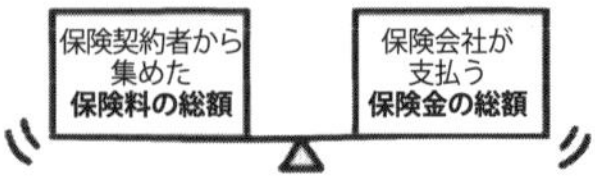

損害保険協会 HP より

《注10》新築物件の場合は建築価格にて、中古物件の場合は再調達価格にて保険金額を設定します。

また、特約等については専用のパッケージング化された商品（収益物件・戸建・マンション専有部）でのご提案となりますので、「新築か中古か？」「物件構造は？」「物件の所有は個人？　法人？」「所有形態は？」「住宅物件？　一般物件？」……これらの情報でプランニングが決まります。

そのため、少人数でありながら九州各県の業務提携先・金融機関からのご依頼案件、現契約者様からのご紹介案件を多数こなすことが可能です。

規模が小さいとアフターサービスに懸念を示される方もおられますが、事故処理については、各保険会社にて専属部署を設けていますので、修理見積もり及び画像さえご準備頂ければ、最短で1週間程度で保険金のお支払い手続きも可能です（質権設定されている場合《注11》・広域災害による内閣府指定災害時は除く）。

《注11》質権設定とは、借入金の担保として、火災保険の保険金請求権や返還保険料請求権に対して質権を設定することをいいます。金融機関等の融資をした側（債権者）は、債権保全策として借りた方（債務者）の建物に抵当権を設定することが通例となっていますが、仮に建物が火災で全焼した場合、抵当権を実行（競売）することが出来なくなります。

そこで質権を設定することで万が一の場合でも貸した方（債権者）は貸付金を回収できるようになります。保険契約に質権設定されている場合、質権者（金融機関）の了承を得てからのお支払いとなりますので、通常よりも2週間ほど余計に時間がかかります。

保険会社協力の元、保険金のお支払いまでに3工程ほど手順を省けるシステムを構築していますので、ご契約者様には支払いスピードが速いと好評です。

よく「支店は出されないのですか？」とお問い合わせを受けることが多いのですが、本部以外に支店を増やすことは、他の業種では有利なのかも知れませんが、保険業界ではリスク（募集人業法違反管理リスク・情報未伝達及び鈍化リスク等）が大幅に増大してしまいます。

取扱種目の違いはありますが、自動車保険などと違って早急に現場に駆け付ける必要性もありません。各担当が持ち歩く携帯やiPad、更にはe－FAX（FAXがPDF化されて転送されてくるサービス）や社員専用チャット・専用アプリを活用していますので、多店舗展開による出店計画の必要がないのです。

そういった保険業界の背景に合わせ、更には業種に応じたシステムを導入することで、弊社は、取扱商品を限定・地域を限定・引受対象物件を限定といった独自のビジネスモデル展開によって、九州地区では弊社にて火災保険加入することが一種のステータスに成りつつあり、「単種目を専門的に深くニッチなサービス」を提供出来る代理店として高く評価されています。

最後になりますが、前作発表後に最もご要望が多かったコンテンツとして、「不動産投資と火災保険」公式ブログを開設いたします（２０２０年2月21日より運用開始予定）。

私の拙い文章では全てをお伝え出来ない部分もありましたので、信じ難い事故例やとんでもない賠償事故例、保険業界情報などを画像と共に「ＰＤＦ添付による報告書」という試みにて仕上げていきます。

現場で起きた事故などをリアルに伝えることを第一の目的とし、火災保険がどんな時に役立つのか、またはどんな場合は適用出来ないのか、その他、保険業界の動向など様々な角度でご紹介していきたいと思います。

ダウンロードも可能（ＰＤＦ添付記事）としていますので、プリントアウトして手にとって読んだり、ファイリングして読み返したりと、このブログより発信される様々な情報を、皆様の賃貸経営事業の解決策の一部としてお役立て頂けますと幸いです。

（２０２０年１月現在）

おわりに

不動産投資の世界を「火災保険」という視点から見る新たなご提案はいかがでしたでしょうか？　今回、記述した内容は全て私の実体験であり、実話でもあります。

この原稿を書いている2019年6月現在で感じることは、「サラリーマン大家」「個人投資家」と呼ばれる方々の物件選定基準と規模拡大のスピードに一種の焦りのようなものを感じます。これは企画やブランディング戦略を以て買い進めている場合や、「賃貸経営」を事業として認識し行っている場合は除きますが、「購入したい物件が他に見当たらないから購入する」という一種の妥協みたいなケースも見受けられます。

新築及び中古物件が高騰している現在（2019年6月時点）、これまで慎重に買い進めていた方が、まるで物件コレクターのようになっていっているのを現場で強く感じています。

「金融政策が変わる前に何とか購入しなければ」、「今、買わなければもっと高くなる」、「融資が下りるから物件を買う」、「これを買えば総所有〇〇戸になる」……。そもそも金融機関の融資承認が下りたからといって、必ずしもそれが良い物件だとは限りません。

また、融資承認が下りる物件全てが安定的に稼働する保証はどこにもありません。

本来、不動産投資とは大きく利益が出ない代わりに大きな失敗もないという、ミドルリスク・ミドルリターンで資産形成出来る投資法です。「衣食住の三大欲求」に基づく普遍的なニーズがありますので、経済的要因による変動が少なく、空室にならない限り、家賃収入という安定した収益を得ることが出来ます。

したがって、経済状況などに左右されるリスクは、ハイリスク・ハイリターンの株式投資やＦＸ投資、その他の投資法よりも低いのです。

火災保険引受業務に携わってみて、不動産投資は入口である物件購入の部分を間違わなければ、かなり高い成功率であるビジネスとも実感しています。……にもかかわらず、運用が上手くいかず厳しい状況の方も少なからずいらっしゃいます。やはりその原因は、賃貸経営を始めるにあたって事業方針に基づいた「物件選定」の段階で、しっかり吟味していないことに尽きると思います。

何度も申し上げますが、私は「火災保険のプロ」であって「不動産投資のプロ」ではありません。その世界のプロではない者の提言は説得力に欠けることは重々承知しております。

不動産投資における様々な指標を駆使して選択する中の一つとして、「火災保険という角度」での分析は、ある意味「不動産ドキュメント」的な記述もあり、心当たりある方には苦言や非難に聞こえ、気分を害されたかもしれません。

しかし、これまでの契約件数経験や事故処理をこなしてきた経験は、紛れもない事実であります。

最後に、私がとことん仕上がりにこだわったため何度も校合に付き合って頂いた梓書院の森下駿亮氏、私にいつも新しい経験値と思わぬ発見を与えて下さる業務提携先様・クライアント様にこの場をお借りして御礼申し上げます。

また、今回特別に対談記事を快く引き受けて下さいました御出演者の皆様、深く感謝致しております。それから「火災保険」を不動産の世界にて、新基準値確立のために現場を駆け回っている営業スタッフ・バックオフィスとその家族、そして本書を最後までお読み頂いた読者の皆様へ心より感謝の意をお伝えしたいと思います。本当に有難うございました!

本書が読者皆様の「不動産投資における新しい指標」になることを願い、不動産投資という手段にて夢の実現へ1歩でも近づくことをお祈り申し上げます。

２０１９年６月吉日

〈ピットサポート株式会社について〉

九州地区限定の新築・中古（築20年迄）の戸建やマンション、収益物件の火災保険だけを取扱い、木造・省令準耐火・準耐火・鉄骨造・コンクリート造などの構造別、物件の所有目的別、戸数や附属設備に応じたリスクをリカバリーでき、且つ保険料コストとバランス取りを行うプランにて提案。

従業員一人当たりの年間契約件数・年間契約数字は九州一を誇り、契約だけでなく事故が起きた際の事故処理能力・解決スピードも各取引保険会社の損害査定部署より高い評価を得ている。

通常代理店では持てない専用割引商品を取得しており、ただ「保険料が安い」だけでなく、司法書士事務所や弁護士事務所との連携により、事故が起きた際の事故処理能力・解決スピードも保険会社により毎年表彰認定更新中。

主な取引先は、九州全県の地場工務店・仲介業者（主に新築戸建・マンション）や収益物件建築メーカーをはじめとし、測量事務所・設計事務所なども含めた建築に携わる全ての業種となる。

著者自身は、収益物件火災保険の専門担当として、九州内限定のオーナー約230名、約1,500棟の担当をしており、収益物件オーナー・収益物件建築メーカーの依頼により、火災保険に関する研修・講演も行っている。

ピットサポート株式会社

〒812-0037 福岡県福岡市博多区御供所町5-21
Pit壱番館406F
TEL：092-791-5077 ／ FAX：092-791-1899

〈著者プロフィール〉

藪井馨博（やぶい　よしひろ）

1971年3月　福岡県生まれ。

1995年に化粧品業界より外資系生命保険会社へ転職（主に中小企業法人契約を担当）。

2000年に外資系生命保険会社より転身し、法人専門の損害保険代理店を立ち上げる。

2012年、更に「火災保険専門店」と保険種目の絞り込みを行い、現在に至る。

保険業界自体には、24年のキャリアである。

不動産投資《ふどうさんとうし》と火災保険《かさいほけん》　改訂増補版《かいていぞうほばん》

改訂増補版初版　令和2年3月7日発行

著　者　藪井馨博

発行者　田村明美

発行所　㈱梓書院
〒812-0044 福岡市博多区千代 3-2-1
tel 092-643-7075　fax 092-643-7095

印刷・製本 / 青雲印刷

ISBN978-4-87035-664-1